값지고 빛나는 하루하루,
'가슴 뛰는 삶'을 당신께 드립니다.

_____ 님께

_____ 드림

가슴 뛰는 삶

가슴 뛰는 삶

강헌구 지음

강한 자는 망설이지 않는다.
굳건히 자리를 잡고, 땀을 흘리며, 끝을 향해 나아간다.
잉크를 다 써서 없애고, 종이를 모두 써버린다.

- 쥘 르나르

1 통찰

Insight | 되돌아보고, 들여다보고, 내다보라

가슴 뛰는 내일이 시작되는 곳 | 26
당신에게 어울리는 '내일'의 시작 27 | 막연한 '꿈'이 아니라 강력한 현재적 확증을 잡아라 32 | 생각은 본질도 변화시킨다 36

되돌아보고, 들여다보고, 내다보라 | 39
비전은 절박한 사람들의 키워드 40 | 비전, 약해지지도 그치지도 않는 전진의 북소리 52

숙명적인 하나의 키워드를 정하라 | 60
내 인생의 키워드를 찾는 네 가지 단서 62 | 6만 시간을 투자해도 아깝지 않을 단 하나의 키워드 73 | '나에게 어울리는 미래'의 다섯 가지 조건 77

당신에게 어울리는 미래 | 82
마음의 노트북에 미래를 스캐닝하라 83 | 미래일기, 나에게 어울리는 미래를 우주에 홍보하라 85 | 하루에 열다섯 번씩 '꿈의 호텔'에 체크인하라 90 | 환경도, 경험도 마음속 그림에 복종한다 95 | 영혼을 깨우는 신비한 북소리, 비전의 축복을 누려라 96

2 작심

Determination | 운명의 루비콘 강을 건너라

소리쳐라, 출사표를 던져라 | 104
쓰면 이루어진다 107 | 가슴 뛰는 삶의 매니페스토, '사명선언문' 113
쓰면 100점이고 안 쓰면 빵점이다 118 | 몸으로 비전을 선포하라 123

불태우고, 파묻고, 날려버려라 | 126
버리기 선수가 만들기 프로다 129 | 꿈이 있는 자에겐 노래가 있다, 시(詩)를 낭송하라 132

낯선 환경, 외딴 곳으로 옮겨가라 | 136
새로운 곳에서 새롭게 시작하라 138 | 먹는 것, 입는 것, 가는 곳을 모두 바꿔라 140

등록하고, 설치하고, 작동시켜라 | 150
출발을 알리는 '신호' 시스템을 설치하라 152 | 같은 꿈을 꾸는 이들과 꿈들의 숲을 이뤄라 155 | 비전의 바이러스를 다운로드 하라 158 | 지금 당장 시작하라 161

3 돌파

Exceed | 평범과 비범의 임계점을 훌쩍 넘어서라

유전자 스위치를 ON으로! | 172

꺼져 있는 90%의 유전자 스위치를 켜라 176 | '스위치 ON'이 깨우는 초인적인 능력 181 | 유전자 스위치, 어떻게 ON으로 바꿀 것인가? 183

지식의 임계질량을 돌파하라 | 187

지식의 대폭발, 지식의 빅뱅이 일어나게 하라 189 | 먼저 최고의 이론가가 되어라 191 | 지식의 통섭, 잡종강세를 통해 지식의 빅뱅을 앞당겨라 196

플러스 울트라, '더 멀리'는 있다 | 202

한 발짝만 더 앞으로 나아가라 203 | 생각의 임계각도를 확장시켜라 205 | '사고의 해이'는 제1의 경계항목 208

실패를 성공으로 둔갑시켜라 | 215

실패의 산출물을 새로운 성공에 투자하라 217 | 당신의 실패를 타인의 성공으로 전환시켜라 220 | 실패를 물고 늘어져 역이용하라 222

질주

Accelerate | 미쳐 내달려라

깃발을 나부껴라, 전설적인 브랜드가 되어라 | 232
'나'를 대중적인 브랜드로 패키징하라 234 | 스스로 전설이 되어라 238 |
주마가편, 달릴수록 더 박차를 가한다 242 | 성공의 이정표, 자기경영 마일리지 244

들판을 가로지르고 바다를 갈라라 | 247
연대하고 통합하라, 지평을 넓혀라 248 | 즐기는 놈은 당해낼 재간이 없다 249 | 우회하지 말고 암벽을 기어올라라 252

북 치고 노래하고 춤을 추어라 | 255
축제는 브레이크가 아니라 가속페달이다 256 | 리추얼을 겸한 팸퍼링을 즐겨라 259

반추하라, 그리고 다시 통찰하라 | 264
흔들고 추슬러 다시 묶어라 267 | 역주, 완주, 그리고 아름답게 268 |
생각창고의 재고조사를 실시하라 271 | 현재라는 마법의 돌을 놓치지 마라 272

프롤로그

'가슴 뛰는 삶'으로
당신을 초대합니다

누가 보아도 무모한 일이었다. 그러나 그때 그 한순간의 선택이 내 인생의 모든 것을 바꾸어놓았다. 나는 운명의 루비콘 강을 건넌 것이다.

만약 그때 그 강을 건너지 않았더라면, 내 운명의 스위치를 과감히 켜지 않았더라면, 지금의 나는 어떤 모습으로 살고 있을까?

인생은 단 한 번의 스위치

나는 지금, 날마다 가슴이 뛴다. 365일 매 순간 가슴속 저 깊은 곳에서 '쿵쿵쿵…' 북소리가 들려온다. 십여 년간 꿈꾸어왔던 장면들이 매일 내 눈앞에서 생생하게 펼쳐지기 때문이다. 오늘 하루 일어날 일들을 생각하면 어떤 신비하고 경이로운 빛이 나를 이끌어가는 것 같은 환상에 빠진다. 가슴에서 '전진!'을 의미하는 것 같은, '쿵!' 하는 북소리가 들린다. '행복'이란 심장이 쿵쾅거리는 것이라고 했던가? 사랑에 빠진 사람들을 보라. 그들은 설렘과 떨림으로 항상 가슴이 뛴다. 힘들게 산 정상에 올랐을 때나, 어려운 프로젝트를 성공리에 마쳤을 때, 오랫동안 준비한 시험에 합격했을 때도 심장이 터질 것처럼 가슴이 뛴다. 하지만 우리 인생에서 그런 순간들이 과연 몇 차례나 있을까? 온몸의 세포 하나하나가 살아서 꿈틀거리는 느낌! 매 순간이 행복하고 즐거워서 가슴이 두근거리는 기분!

나는 매일 매 순간 그런 삶의 절정을 만끽하며 살고 있다. 이 얼마나 분에 넘치는 행복인가!

그래서 나는 이 글을 쓴다. 내가 보고 듣고 경험했던 그 놀라운 기적, 그리고 그것을 얻는 방법을 많은 사람들에게 전해주고 싶어서다. 나 역시 마흔 중반이 될 때까지 내가 이런 삶을 살 수 있으리라는 걸 몰랐다. 아니, 그것은 책에나 나오는 이야기인 줄로만 알았다. 그 운명의 루비콘 강을 건넌 이

후, 수원의 초라한 사무실에서 시작한 '비전스쿨'이 전 세계 40여 개 도시로 뻗어나가는 동안, 꿈을 현실로 만들어낸 기적 같은 이야기들을 수없이 보고 듣고 직접 경험했다. 청중들과 함께 웃고 울면서, 그들의 인생에 어마어마한 터닝포인트가 찾아오는 것도 목격했다. 그리고 그들이 경험한 기적 같은 일들이 나에게 열정과 에너지, 따뜻하고 선한 힘이 되어 백배 천배로 돌아왔다. 그 모든 것을 나는 지금 여러분에게 고스란히 전달하려고 한다.

삶을 뒤흔드는 황홀한 열병에 빠져라

많은 사람들이 성공을 꿈꾼다. 하지만 실제 그곳에 도달하는 이는 그리 많지 않다. 설령 이를 악물고 허덕허덕 그 고지를 점령했다 하더라도 그 과정은 말 그대로 고군분투에 다름 아니다. 가슴 두근거리는 행복감은커녕 시시포스의 고행처럼 하루하루가 힘들고 고되기만 하다. 더 큰 문제는 정작 그 고지에 도달하고 난 후부터다. 부와 명예, 성공을 얻었다고 들뜬 것도 잠시, 돌아보면 시든 육신과 황폐하고 허무하기 짝이 없는 공허한 정신만 자신을 휘감고 있을 뿐이다.

수십 년 뒤의 삶도 우리의 인생이고, 지금 이 순간도 우리의 인생이다. 그런데 많은 사람들이 수십 년 뒤에 성공하기 위해 오늘 하루하루, 매 순간순간의 행복을 저당 잡힌 채 살고 있다. 반대로 어떤 이들은 성공 따위는 관심 없다며 하루하루의 쾌락과 순간적 즐거움에 자신을 방기해버린다.

나도 한때는 그랬다. 마흔 중반까지도 어떻게 사는 게 진짜 인생인지 심각하게 고민해보지 않았다. 그냥 나름대로 아주 열심히 살았다. 어려운 환경에서도 고군분투 열심히 공부했고, 직장 다닐 때도 누구보다 앞장서서 일했다. 박사가 되기 위해 밤잠을 못 자며 책과 씨름했고, 교수만 되면 인생이 저절로 행복해질 줄 알았다.

하지만 내 생각은 틀렸다. 앞도 뒤도 돌아볼 겨를 없이 뛰어왔건만, 막상 그곳에 도착해보니 내 가슴엔 뻥 하고 구멍이 뚫려 있었다. 가슴에서 바람이 새는지도 모르고, 무엇을 위해 달리는지도 모르고, 그저 무작정 달려온 것이다. 내 심장은 멎어 있었다. 지리멸렬한 일상, 특별히 기쁠 것도 슬플 것도 없는 그저 그런 나날들….

마침내 나는 스스로에게 처음으로 진지한 질문을 던졌다. '너는 무엇을 위해 살지?', '왜 너는 더 멋지고 황홀한 인생을 살려고 하지 않지?' 그리고 그 질문은 내 인생 전체를 뒤흔들어놓았다.

이젠 당신 차례다. 스스로에게 물어라. 지금, 당신은 어떤가? 하루하루가 행복하고 즐거워서 미칠 것 같은가? 하고 싶은 일이 떠올라 아침마다 가슴이 쿵쾅쿵쾅 뛰는가? 다시 태어나도 살고 싶은 그런 인생을 살고 있는가? 어린 시절 당신이 꿈꾸었던 그런 멋진 인생을 살고 있는가? 만약 신이 나타나서 당신 마음대로 인생을 선택하라고 한다면 어떤 인생을 갖고 싶은가? 시시포스처럼 끝없는 노고를 되풀이하는 인생? 최고의 성취를 향해 앞뒤도 안 보고 달리는 인생? 최고의 돈과 명예를 얻었지만 항상 목마르고 허망하기만 한 인생? 아니면 모든 게 귀찮으니 그럭저럭 숨만 쉬고 사는 인생?

아닐 것이다. 그런데… 왜, 그런 인생을 살고 있는가? 왜 더 멋진 인생을 선택하지 않는가! 정말로 자신이 하고 싶은 일을 하면서, 매일 매일이 즐겁고 가슴 뛰며, 많은 이들의 사랑과 존경을 한 몸에 받는 삶, 그래서 종국엔 최고의 성취와 행복을 누리는 삶, 여기 그런 인생이 당신을 기다리고 있다.

그냥 미치면 바보가 되지만,
꿈에 미치면 신화가 된다

당신이 이 책을 통해 본연의 꿈에 체크인 하고, 운명을 바꾸겠다고 '작심'하는 순간, 그것은 이미 당신 것이다. 다만 그 운명의 스위치를 켜기만 하면 된다. 그 스위치는 바로 당신의 '비전'이다.

영화감독 스티븐 스필버그(Steven Spielberg)는 '매일 아침 나는 가슴이 너무나 두근거려서 도저히 식사를 할 수 없을 정도다.'라고 했다. 자신의 꿈이 이루어지는 그 과정 자체가 너무나 자랑스럽고 기쁘기 때문이란다. 그처럼 간절한 꿈을 가진 사람들은 사랑에 빠진 것처럼 얼굴에서 늘 빛이 난다. 항상 행복한 표정으로 신나게 산다. '비전(vision)'이라는 황홀한 열병에 감염되었기 때문이다.

당장 달려 나가고 싶을 만큼 '오늘 할 일'에 설레고, 내가 무슨 일을 하는지 세상에 자랑하고 싶고, 세상이 온통 내 것인 양 달콤한 도취에 빠지고, 온몸의 세포 하나하나가 감격과 환희에 떨며 매 순간 정신의 오르가슴을 느끼는 것이다. 그런 비전을 품은 사람들은 '진짜 인생'이 어떤 것인지 안다. 단 한 번뿐인 인생을 후회 없이 살고자 더욱더 그 꿈에 올인

한다. 그러다 보면 자연스럽게 성공이 성공을 부르고, 소소한 성취가 위대한 업적을 이룬다.

　이 책은 바로 그런 인생을 꿈꾸는 당신을 위한 책이다. 인생에 대한 '통찰'과 '작심', '돌파'와 '질주'를 통해 세상의 그 어떤 기쁨과도 비교할 수 없는 환희와 감동에 이르는 방법에 관한 이야기다. 내면의 고동소리, 약해지지도 않고 그치지도 않는 그 줄기찬 전진의 북소리를 좇기로 결심했다면, 이 책은 당신에게 통찰하고 작심하고 돌파하여 질주하는 노하우를 알려주고, 꿈을 향해 끝까지 즐겁고 신나게 가는 로드맵을 쥐어줄 것이다.

　당신이 이제 막 꿈을 찾기 시작하는 청소년이든, 원대한 포부를 안고 사회에 나온 직장 초년생이든, 삶의 반 바퀴를 돌아 다시금 진정한 인생의 의미를 찾고자 하는 중년이든 관계없다. 아직도 이루고 싶은 목표나 꿈, 자신을 행복하게 해주는 무언가를 찾지 못한 사람에게는 '통찰'하는 법을, 꿈이 있긴 하지만 여전히 막막하기만 한 사람에게는 '작심'하는 법을, 반드시 넘어야 할 거대한 옹벽 앞에서 망설이고 있는 사람에게는 '돌파'하는 법을, 거침없이 질주해야 하는데 여전히 자신이 없는 사람에게는 '질주'하는 모범을 보여줄 것이다.

그래서 이 책은 크게 네 단계로 되어 있다. 자신의 꿈을 이루고 진정한 성취와 행복에 이르는 과정을 '통찰-작심-돌파-질주'의 네 단계로 보고, 그 과정마다 생각하고 실행할 일들을 상세히 제시한다. 우리가 익히 알고 있는 훌륭한 성취자들의 이야기도 있지만, 나 자신과 내 주변의 수많은 사람들이 실제로 실행해서 운명을 바꾸고 기적을 부른 생생한 이야기들이다. 다만 알고 있는 것들을 빠짐없이 친절하게 들려주려다 보니, 의욕이 지나쳐 뭔가를 '해보자', '하라'는 주문이 너무 많아진 감도 없지 않다. 물론 이 책에서 제안하는 것들을 다 실천해보면 좋겠지만, 자신에게 꼭 맞고 꼭 필요한 몇 가지만 연습해보는 것으로 가볍게 시작해보기 바란다. 나이에 따라 사회적인 경험치에 따라 본인에게 필요 없는 부분도 있을 수 있다. 그런 분들은 앞부분 '통찰'과 '작심' 부분을 건너뛰고 중반부터 읽어도 좋을 것이다.

미국 제33대 대통령 해리 트루먼(Harry S. Truman)은 "나는 스스로를 위대한 인물이라고는 생각하지 않지만, 위대해지고자 노력하는 동안만큼은 위대한 시간을 보냈다."라고 말했다. 나도 이 글을 쓰고 있는 이 순간만큼은 감히 위대한 시간을 보내고 있노라 말할 수 있다. 당신도 그렇지 않은가? 위대해지려고 노력하는 지금 이 순간만큼은 위대한 시간을 보내는 것이다. 부디 이 책을 통해 가슴 뛰는 삶, 위대한 시간의 환희를 맛보기 바란다.

  꿈에 체크인 하라. 운명을 바꿔라. 그냥 미치면 바보가 되지만, 꿈에 미치면 신화가 된다. 당신 스스로가 누군가의 신화가 되어라. 삶을 태양처럼 만끽하라!

지은이 강헌구

통찰
Insight
되돌아보고, 들여다보고, 내다보라

1993년 가을 어느 깊은 밤.

나는 청평의 한 연수원 벤치에 우두커니 앉아 있었다. 가을바람이 목덜미를 후루룩 훑고 지나자 순간 한기가 오싹 온몸을 휘감아왔다. 옷깃을 바짝 여미며 내 마음처럼 깜깜한 호수를 망연자실 바라보았다.

'나이 45세, 한 여인의 동반자, 1남 2녀의 아버지, 직업 교수, 신체 건강…. 겉보기엔 멀쩡한데 왜 이렇게 나 자신이 초라하고 무력하게 느껴질까? 어제가 오늘 같고 내일도 오늘 같고…, 어째서 전혀 달라질 조짐이 안 보이는 걸까? 뭐하다 여태 전세살이에 지갑엔 늘 만 원짜리 두세 장이 고작인가? 공부도 할 만큼 했고, 남들에게 모나게 굴지도 않았고, 웬만한 책임은 다 감당하면서 살아왔는데, 나름대로는 제법 능력 있다는 소리도 듣는데, 도대체 왜? 뭐가 잘못되어서?'

고개를 절레절레 저으며 나는 벤치에서 벌떡 일어났다. 꼬리를 물고 이어지는 생각들…. 무엇보다 견딜 수 없는 건 대체 무엇을 위해 살고 있는지 모르겠다는 거다. 죽어라 공부할 땐 교수만 되면 세상 일이 다 풀릴 줄 알았다. 그러나 지금 나는 퇴근 후 걸치는 소주 한 잔을 유일한 낙으로 사는 저 수많은 사람들과 무엇이 다른가? 꿈도 야망도 없이 그저 월급 한 푼에 목을 매는 한심한 서생. 대체 언제부터인가? 나에게 꿈이 없어진 것이.

연수원의 불빛도 하나둘 꺼져가고 있다. 모두들 잠자리에 든 모양이다. 밤이 깊어가면서 밤공기는 한층 매서워졌다. 나는 코트 깃을 더 바짝 추켜세우고 길 잃은 승냥이마냥 호숫가를 한없이 배회했다.

아무리 도리질을 해봐도, 하염없이 별을 보며 손톱을 물어뜯어도, 강가의 자갈들을 아무리 집어던져도 이렇다 할 답이 떠오르지 않았다.

'그래, 내가 왜 이 모양인지에 대한 지난 일들의 답은 저 자욱한 물안개 속에 묻어버리자. 하지만 앞으론 대체 무엇을 어떻게 해야 하지? 지금이라도 미국으로 가? 아니면 연봉 많이 주는 새 직장으로? 그냥 이대로 살아?'

급기야 머리에서 압력밥솥 터지는 소리가 들리는 것 같았다.

"에에~이~이, 등신 버러지 같은 놈!"

나는 큰소리로 중얼거리며 발길을 홱 돌렸다. 그리고 숙소를 향해 걸으면서 이렇게 혼잣말을 했다.

"괜히 잠만 설쳤네, 차라리 소주나 한 잔 걸치는 건데…."

오후에 강사로부터 들은 말이 떠올랐다.

"생각을 구체적으로 하라. 종이에 적어라."

나는 어느새 나를 향해 근엄하게 명령하고 있었다.

"1년 동안 매주 2시간씩 잠수!"

"끝까지 파고들어!"

"종이에 적어!"

머리가 하얗게 센 노인이 눈을 감은 채, 공원의 의자에 앉아 있었다. 하룻밤이 지나서도 그는 그곳에 그렇게 앉아 있었다. 공원 관리인이 노인에게 물었다.
"댁은 뉘시오?"
"어디서 오셨수?"
의자에 앉아 있던 노인은 천천히 고개를 돌리더니 다음과 같이 대답했다.
"만일 내가 누구인지, 어디로부터 왔는지 안다면, 이 결정적인 질문의 답을 찾기 위해 여기 이렇게 앉아 있지 않을 것이오. 내가 알고 있는 것은 오직 '아서 쇼펜하우어(Arthur Schopenhauer)'라는 나의 이름뿐이외다."

당신은 누구인가? 당신은 왜 지금 이 모습인가? 왜 늘 꿈꾸어오던 그 모습이 아니고 지금 이 모습인가? 무엇이 지금의 이 모습으로 만들었는가? 이것은 불가피한, 어쩔 수 없는 선택의 결과인가, 아니면 우연한 귀결인가? 그렇다면 지금 이대로 좋은가? 그냥 이대로 머물 작정인가? 어디로 가려는가? 원래 어디로 가는 중이었고 어디로 갔어야 했나? 어디로 가면 당신에게 더 잘 어울리는 내일이 시작되겠는가?

가슴 뛰는 내일이
시작되는 곳

터질 듯 가슴을 뛰게 하는, 당신이 바라는 '내일'의 자아영상을
구체적으로 그려라.

한 만화가가 어린 두 딸을 데리고 놀이공원에 갔다. 물론 딸들도 무척이나 좋아했지만, 모처럼의 외출에 만화가 자신이 더욱 들뜨고 신이 났다. 특히 그는 회전목마에 매료되었다. 멀리서 바라본 목마들은 경쾌한 음악에 맞춰 힘차게 달리며 신비한 빛을 발산하는 듯했다. 너무나 멋진 풍경이었다. 그는 아이들을 태우기 위해 회전목마에 가까이 다가갔다. 순간, 음악이 멈추고 목마들이 서서히 정지했다. 아뿔싸! 그제야 만화가는 자신이 속았다는 것을 알았다.

가까이서 본 목마들은 조악하기 짝이 없었다. 말 모양만 비슷하게 흉내 냈을 뿐 엉성하게 이어붙인 나무 조각에다가, 페

인트칠도 엉망이어서 군데군데 벗겨지고 우글쭈글했다. 게다가 바깥쪽 말들만 그럴 듯하게 움직이지, 안쪽의 목마들은 모두 볼트로 네 발을 바닥에 고정시킨 죽은 말에 불과했다.

당신에게 어울리는 '내일'의 시작

하지만 그날, 그토록 실망감을 안겨준 회전목마는 오히려 그의 상상력의 전원을 켜주었다. 그는 회전목마들을 만지면서 진짜 살아 있는 말들이 신나게 뛰노는 놀이공원을 상상하기 시작했다. 진짜 증기선이 힘찬 뱃고동을 울리는가 하면, 증기선 뒤로는 해적들이 칼춤을 추고, 조금 떨어진 곳에서는 곡마단이 재주를 뽐내며 또 다른 한쪽에선 화려한 카니발이 벌어지고 있는 '꿈의 놀이공원'이 펼쳐졌다.

그는 어른 아이 할 것 없이 누구나 마음껏 즐길 수 있는 곳, 그 속에서 펼쳐지는 아름다운 상상들이 생산적인 창조의 에너지로 새롭게 승화되는 곳, 꿈이 있는 모든 가족들의 낙원을 만들기로 결심했다. 그리고 그 낙원을 '디즈니랜드'라고 부르기로 결정했다.

그 순간, 월트 디즈니(Walt Disney)의 가슴이 터질 듯 방망이

질 치기 시작했다. 디즈니랜드의 내일이 시작된 것이다. 뛰는 가슴이 아주 비범한 에너지의 샘이 되었다. 그리고 그 비범한 동력은 다섯 번의 부도와 실패에도 불구하고 오늘날의 디즈니랜드를 건설해놓았다. 그는 이렇게 말하곤 했다.

"다들 말도 안 된다고 했지요. 하지만 나는 사람들이 반대를 하면 할수록, '내가 뭔가 큰 것을 건졌구나!' 하고 확신했어요. 그러고는 곧장 그것을 향해 전력질주 했지요."

바람직한 내일, 당신이 더 행복해지고 세상이 더욱 아름다워지는 내일은, 가슴을 두근거리게 하는 '마음속의 그림'에서 시작된다. 만약 콜럼버스가 '지구는 둥글다'는 상상을 하지 않았다면, 그리고 그 상상이 그의 가슴을 고동치게 하지 않았다면 신대륙을 발견할 수 있었을까? 라이트 형제의 가슴이 '사람이 하늘을 날 수 있다'는 꿈으로 가득 차지 않았다면 오늘날의 비행기가 있었을까?

하늘 아래 새롭게 만들어진 모든 것은, 누군가의 머릿속에서 '그려졌던 것'이고 누군가가 이룩한 업적은 바로 그 누군가의 '비전(vision)'이었다. 그들이 과거와 현재, 미래에 대한 통찰을 통해 "바로 이거로구나, 이게 필요하겠어! 난 이걸 하겠어!"라고 말하는 순간, 그리고 그것을 실제로 하고 있는 자신의 모습을 또렷이 떠올리는 순간, 새로운 내일은 시작된다. 그것이 바로 '비전'이다. 즉 비전이란, 더 나은 내일을 만들어가기 위한 '마음속의 그림'이다. 당신의 인생을 휘감는 하나의 숙명적인 키워드를 주제로, 마음의 붓으로 그린 자기 삶의 최종결과이며 그것에 대한 갈망과 결단이다. 비전은 행동을 일으켜서 매일 조금씩 현실로 다가오는 그림이다.

그 '비전'이라는 컨트롤 보드에 전원이 켜지는 순간, 당신에겐 지금껏 상상할 수 없었던 비범한 동력이 생긴다. 다른 이야기를 하나 더 읽어보자.

1951년의 어느 날 멤피스에 사는 윌슨이라는 사나이가 가족을 이끌고 워싱턴으로 휴가여행을 떠났다. 그러나 형편없는 숙박시설 때문에 여행이 전혀 즐겁지가 않았다. 윌슨 가족의 기분을 망쳐놓은 모텔은 방 하나에 하루 숙박비가 6달러인데다, 어린이가 다섯 명이니까 어린이 한 명에 2달러씩 추가해서 16달러가 된다는 식의 계산법을 적용하는 곳이었다. 게다가 불친절하고 지저분하기가 말도 못할 정도였다. 또한 숙소 내에 식당도 없어서 끼니때마다 한참 떨어진 곳까지 식당을 찾아가야 했다. 특히 비가 올 때는 여간 불편한 게 아니었다. 그는 화가 치밀어 올랐지만, 억지로 참으며 여행을 마쳤다.

그 무렵 미국인들은 여행할 때마다 '숙박시설이 어떻게 이럴 수 있단 말인가!' 하고 분노하곤 했다. 하지만 집에 돌아오고 나면 언제 그랬냐는 식으로 쉽게 잊어버렸다. 그러나 이 비범한 사나이는 그렇지 않았다. 미국 전역에 어느 한 곳 쓸 만한 숙박시설이 없다는 사실은 그에겐 훌륭한 사업 아이템이었다. 갑자기 그의 가슴이 두근거리기 시작했다.

그의 머릿속에 수천수만 가지 영상이 스쳐갔다. 멤피스, 워싱턴, 뉴욕, 시카고, 그리고 LA에 가서 호텔을 짓고 있는 자신의 모습과 그 호텔에서 저렴한 가격으로 기분 좋게 묵어가는 사람들의 미소가 눈앞에 어른거렸다. 누구나 안심하고 저렴하게 이용할 수 있는 현대적인 서민용 휴식처를 제공하는 것, 이것이야말로 자신이 해야만 하는 일이라고 생각했다.

집으로 돌아오면서 윌슨은 아내에게 "집으로 돌아가면 우리 꼭 호텔 체인 사업을 시작합시다."라고 들뜬 목소리로 말했다. "이름만 들어도 안심하고 편안하게 머무를 수 있는 그런 호텔을 지읍시다." 그는 '400개의 호텔을 짓겠다'는 결심을 밝혔지만 그의 아내는 그저 웃기만 했다. 400개나 되는 호텔 체인이라니, 정말 터무니없는 상상이라고 생각했기 때문이다.

하지만 케몬스 윌슨(Kemmons Wilson)은 휴가에서 돌아오자마자 호텔 설계를 도와줄 설계사를 고용했다. 윌슨의 머릿속에 있는 호텔은 청결하고, 단아하고, 언제나 한결같은 곳이었다. 그가 그린 설계도에 따르면, 그 호텔엔 그가 워싱턴의 모텔에서 아쉬워했던 수영장도 있고 방마다 TV도 놓여 있었다. 당시로선 그런 호텔은 어느 누구도 상상조차 하지 못했다.

그러나 온갖 시련을 딛고, 마침내 윌슨은 다음 해 멤피스 교외에 첫 번째 호텔의 문을 열었다. 16미터 높이의 옥상에 설치된 네온사인 간판엔 '홀리데이 인(Holiday Inn)'이라는 글자가 일대를 환하게 밝혀주고 있었다. 그것이 시작이었고, 결과는 대성공이었다.

윌슨이 400개의 홀리데이 인 호텔을 짓는 데는 예상했던 것보다 다소 오랜 시간이 걸렸다. 1959년까지 그는 100개의 호텔을 짓고 직영으로 운영했다. 그러나 체인 운영 방식을 프랜차이즈 시스템으로 전환하자 그 숫자는 급속히 늘어나기 시작했다. 1964년에는 500개, 1968년에는 1,000개를 돌파했고 1972년부터는 전 세계에 72시간마다 하나씩 새로운 홀리데이 인 호텔이 들어서기 시작했다. 그러한 확장추세는 1979년 그가 경영일선에서 물러날 때까지 계속되었다. 뛰는 가슴을 억누르며 '400개의 호텔을 짓겠다'고 말한 순간 '홀리데이 인'이라는 브랜드의 내일이 시작된 것이다.

놀랍지 않은가? 디즈니랜드를 만든 월트 디즈니, 세계 최고의 호텔 체인을 만든 케몬스 윌슨, 그들의 시작은 남들이 보기엔 '미친 짓'이었다. 그러나 그 결과는 아무도 상상할 수 없었던 '기적'이었다. 물론 이렇게 되묻고 싶을지도 모르겠다. "성공했기에 망정이지, 그렇지 않았다면 그것 역시 황당무계한 망상에 불과한 거 아닌가요?"라고.

맞는 말이다. 하지만 명료한 비전과 황당무계한 망상은 그 싹수부터가 다르다. 그것이 어떻게 다른지는 앞으로 차근차근 알아가게 될 것이다. 그나저나 우선 '비전'이라는 것이 어떻게 그런 놀라운 기적을 만들어낼 수 있었을까?

막연한 '꿈'이 아니라
강력한 현재적 확증을 잡아라

어느 날 갑자기 '자고 일어났더니 짠! 하고 스타가 되었더라.' 하는 거짓말 같은 이야기 말고, 진짜 당신이 바라는 '내일'을 여는 가장 중요한 열쇠는 무엇일까? 꿈이 없는 사람이야 그렇다 치고, 우리 모두는 얼마쯤 꿈을 이루기 위해 노력하는데,

왜 어떤 이는 그것을 거머쥐고 어떤 이는 젊은 날의 회한으로 그치고 마는 것일까?

그 대답은 지극히 간단하다. 바로 그 꿈이 그저 막연한 바람이었느냐, 아니면 명료한 비전이었느냐의 차이다. 비전(Vision)은 막연한 꿈(Dream)과는 다르다. 꿈이 '~하고 싶은 것', '~가 되고 싶은 것'과 같은 막연한 바람이나 소망이라면, 비전은 '~까지는 반드시 ~할 것', '~까지는 반드시 ~가 될 것'처럼 기한이 있는 미래의 청사진이다. 미래의 일을 이미 일어난 일처럼 생생하고 구체적으로 자신의 머릿속에 영상화한 것이다.

당신의 꿈이 이루어지기 위해 당신에겐 증거에 앞서는 신념, 즉 '예비신념'이 필요하다. 당신이 바라는 내일이 반드시 가능하다는 객관적인 증거가 있다면 그것은 당신의 '신념'이다. 그러나 객관적인 증거는 없지만 당신이 바라는 내일이 결코 이루어질 수 없다는 증거 또한 없을 때엔, 그것이 예비신념의 증거가 될 수 있다. 또한 '된다'는 믿음을 갖지 않으면 믿음을 가졌을 때 얻을 수도 있는 것들을 놓치게 되는데, 이것 역시 예비신념의 증거다.

될 것이라는, 되어야 한다는 그 믿음이 매우 중요한 가치를 가질 때도 마찬가지다. 마치 객관적인 증거가 충분히 확보된 것처럼 미리 생각하고 미리 말하고 미리 행동하는 것, 윌리엄 제임스는 그런 증거를 믿는 것을 '예비신념'이라고 불렀다.

'된다'는 믿음을 가진 사람과 갖지 않은 사람의 차이는 하늘과 땅 차이다. 그저 된다고 믿기만 해도 그러지 않는 사람과는 완전히 다른 결과를 얻는다. 반드시 될 것이고 되어야만 한다는 예비신념, 그 강력한 믿음이 스스로를 움직이게 만드는 매우 중요한 동인이 되기 때문이다.

그런 믿음을 가진 사람은, 마치 객관적인 증거가 충분히 확보된 것처럼 미리 생각하고 미리 말하고 미리 행동한다. 그것이 바로 내일이 열리기 시작한다는 증거다. '될 거야, 될 거야, 되겠지, 되겠지….' 하다 보면, '되는 거야, 되고 있어, 되고야 말았네, 됐어….'로 발전한다는 말이다. 그러한 예비신념의 소유자들은 스스로에게 다음과 같이 말한다. "나는 의구심으로 흠뻑 젖었다. 그러나 나는 할 수 있다."

나아가 그들은 자신의 목표에 내재되어 있는 가치를 되새김질하거나 동기부여를 위해 할 수 있는 모든 것을 동원한다. 자신에게 용기를 줄 친구에게 전화를 하고, 결심과 각오를 다져

줄 의식을 거행하기도 한다. 심호흡을 하며 결심을 다지고, 기도로 자기확신을 강화하며 스스로를 격려한다. 잘해나가는 자신의 모습을 마음속에 그리고, 언제나 성공만을 상상한다. 성공이 가져다줄 아주 사소한 것, 작은 감정 하나까지도 놓치지 않고 느끼려고 애쓴다.

그들은 모두 다 포기한 순간, 아무래도 소용없으리라는 생각이 들 때조차도, 뛰어들고 전진한다. 분명 어딘가에 해결책이 있을 것이라고 믿고, 믿는 대로 행동한다. 설사 자신감이 없더라도 자신만만한 것처럼 행동함으로써 실제로 그렇게 되는 기적을 경험한다.

누구나 승리자라고 믿으면 승리자처럼 행동한다. 승리자처럼 걷고 말하고 행동하면 승리자의 모습과 태도와 습관이 생긴다. 그러면 남들도 그를 승리자로 대한다. 그러면 승리자가 되는 것이다. 결국 세상사를 지배하는 것은 곧 마음이고, 믿음과 의지는 곧 창조나 다름없다. 그때부터는 모든 예비신념들은 더 이상 잠재적인 증거가 아니다. 강력한 현재적 확증이다.

생각은 본질도 변화시킨다

'하이젠베르크의 불확정성 원리'에 따르면, 원자의 위치와 속도를 동시에 정확하게 관찰하는 것은 불가능하다고 한다. 예를 들어 야구공을 던질 때, 야구공의 속도와 현재 위치를 알면 우리는 몇 초 후 야구공이 떨어질 정확한 위치를 계산할 수 있다. 하지만 이것이 원자 정도의 레벨로 들어가면 정확한 예측이 불가능하다는 것이다. 필자는 물리학자도 아닌 데다 이런 심오한 얘기를 알아듣기 쉽게 설명할 만한 과학지식도 없지만, 추측건대 양자물리학의 세계로 들어가면 우리의 지식이나 상식과는 전혀 다른 일들이 벌어질 수도 있다는 얘기가 아닌가 싶다.

굳이 이 골치 아픈 얘기를 꺼낸 것은 '가장 과학적'이라는 물리학에서조차 어떤 물질이나 현상을 정확히 규정하지 못하고 있다는 이야기를 하고 싶어서다. 즉 '원인'과 '결과'에 대해서는 그 어떤 정답도 완벽하게 규정된 것이 없다는 말이다.

물리학 바깥의 세상에서도 현상의 실체를 정확히 알 수 없는 경우가 많다. 가령 관찰하는 행위 자체가 본질을 변화시키고, 주체와의 상호작용에 의해 객체의 본질이 변한다는 이야기가 그중 하나다.

 타인의 기대나 관심 때문에 능률이 오르거나 결과가 좋아지는 현상을 '피그말리온 효과'라고 한다. 부모나 선생님, 상사나 동료가 나를 존중하고 나에게 기대하는 것이 있으면 기대에 부응하는 쪽으로 변하려고 노력하여 그렇게 된다는 것을 의미한다.

 우리가 누군가를 뚫어져라 쳐다보는 것만으로 상대의 마음을 움직일 수가 있다고 한다. 소위 카사노바들의 '작업의 기술' 중 하나라는데, 직접 말로 하는 것보다 훨씬 효과적이라고 한다. 당신도 한번 써먹어보라. 아닌 게 아니라 누군가 자기를 좋아한다고 믿게 되면 왠지 그 순간부터 전혀 이상형이 아닌데도 그 사람이 점점 좋아지는 현상을 경험하는 경우가 적지 않다.

 점입가경으로, 우리의 생각이 사물의 본질을 변하게 하기도 한다. 에모토 마사루(江本勝)의 《물은 답을 알고 있다》에 나온 실험처럼, '사랑해', '고마워' 같은 말 한마디가 물의 결정체 모양까지 바꿔놓는다고 하니, 이 세상이 돌아가는 원리는 우리의 알량한 지식 저 너머에 있다는 말이 틀림없다.

 어쨌든 이렇게 보면 우리가 뚜렷하게, 그리고 간절히 비전의 전원을 작동시키면 상식적으로는 도저히 설명할 수 없는 불가사의한 일들이 벌어질 수도 있다는 것이 그다지 놀라운 일도 아니지 않은가!

믿음은 생각에 영향을 끼치고, 생각은 말하는 방식을 바꿔놓고, 말하는 방식은 세상을 받아들이고 인식하는 방법에 영향을 준다. 세상을 바라보는 방식이 달라지면, 남들이 나를 어떻게 대하느냐에 대한 인식도 달라지고, 내가 남들을 대하는 방식도 달라진다. 그리고 이것은 다시 나 자신에 대한 믿음, 자아상에 영향을 미친다. 그뿐인가? 자아상이 변하고 신념 에너지가 활활 불타오르면 사람들이 나를 향해 모여들고 전혀 뜻하지도 않게 여기저기서 결정적인 도움의 손길이 도착한다. 나비 한 마리가 조그만 날개를 펄럭이는 것만으로도 지구 반대편 대륙에 태풍이 몰아친다는 '나비효과' 이론을 들먹이지 않더라도, 이 세상이 돌아가는 이치가 그러하다. 모든 현상과 사물은 불가분의 관계를 맺고 있고, 그 에너지의 영향력은 우리의 상상을 초월한다. 아주 미세한 초기값의 차이가, 그리고 절박한 예비신념, 가슴 뛰는 비전이 있느냐 없느냐의 여부가, 한 사람의 운명을 바꿔놓고 세상을 바꿔놓는 것이다.

되돌아보고,
들여다보고, 내다보라

비전, 그 신비로운 운명의 빛을 바라보고
그 줄기찬 전진의 북소리를 들어라.

그날 청평의 그 호숫가에서 나의 한심한 자화상을 본 뒤 얼마 지나지 않아, 나는 학생 시절 몸담았던 한 동아리 송년모임에 나간 적이 있다. 거기서 만난 후배 한 명이 술기운을 빌어 내게 큰소리로 말했다.

"강 선배! 선배는 학교 다닐 땐 꽤 잘나갈 것처럼 굴더니, 잘난 소리 꽤나 해대더니만, 졸업한 지 20년이 넘었는데 어째서 뭐 하나 두드러지게 해놓은 게 없어? 선배 동기들은 벌써 이 나라 유수 기업의 별들이 되어 저토록 반짝이고 있는데, 후배들한테까지 다 추월당하고, 도대체 어디서 뭐 뭉개고 있는 거야? 에이 참, 답답해, 사람이 왜 그렇게 살아? 에이 씨!"

나는 얼굴이 화끈거려 그 자리를 도망쳐 나왔다. 다음날부터는 밖에 나가기가 두려웠다. 그런 사람을 또 만날까봐, 그런 소리를 또 들을까봐.

그래서 밤마다 이불을 뒤집어쓴 채 혼자 울부짖었다.

"너는 누구냐? 지금 어디에 있느냐? 이대로 그냥 계속 뭉갤 거냐? 어디로 갈 거냐? 어디로, 어디로?"

비전은 절박한 사람들의 키워드

우리는 비전이 우리를 얼마나 놀라운 세계로 인도하는지를 알았다. 그렇다면 비전은 어느 날 갑자기 '뚝딱' 하고 하늘에서 떨어지는 것인가? 마치 계시처럼? 운명처럼? 월트 디즈니나 케몬스 윌슨이 놀이공원과 호텔에서 자신들의 비전을 발견한 것이 그런 것일까? 현명한 당신은 그것이 정답이 아니라는 것을 당연히 알고 있을 것이다.

비전은 행운도, 우연도, 신의 축복도 아니다. 그것은 절박한 기회탐색과 도전의 산물이다. 절박함을 가진 사람, 눈에 불을 켜고 끊임없이 기회를 탐색하는 사람, 사생결단의 각오로 달려드는 사람에게만 '미래'는 문을 열어준다. 그들만이 그 숙명적인 찰나에 자신만의 찬란한 '비전'을 움켜쥔다. 그러므로 기회가 다가온 그 결정적인 순간에 모든 것을 걸고 에너지를 최대한 발휘해야 한다. 퇴로를 완전히 차단해 도망갈 길과 회피할 구실을 아예 없애버려야 한다.

절박함이 없는 사람, 박진감이 없는 느슨한 사람은 진정한 비전을 발견하지 못한다. 펄떡이는 에너지가 없는 비전은 금방 사라져버리는 공허한 외침일 뿐이다. '반드시 이루고야 말리라!'는 절박한 욕구가 없다면 머릿속에 펼쳐진 꿈은 그것이 아무리 멋지고 생생해도 한낱 공상에 불과하다.

진정성과 절박함이 있는 비전을 찾으려면 과연 어디서부터 어떻게 시작해야 할까? 우선 자신의 과거와 현재, 미래에 대한 철저하고 진지한 통찰이 필요하다. 여기, 막다른 골목에서 인생의 비전을 발견한 한 여성의 이야기가 그것을 여실히 증명해준다.

한 젊은 여성이 있었다. 그녀는 고등학교를 졸업하고 얼마 되지 않아 결혼을 했다. 1948년의 어느 날 남편이 하던 세탁소가 오랜 불황의 파고를 이기지 못하고 문을 닫게 되었는데, 문제는 그 세탁소를 인수하기 위해 빌려 쓴 5,000달러를 어떻게 갚는가 하는 것이었다. 빚을 갚으려면 당장 돈벌이에 나서야만 했는데, 집에서 살림만 하고 아이들 키우느라 정신없이 살아온 젊은 여인에게 세상은 결코 만만치가 않았다.

고민으로 밤을 지새우던 어느 날, 그녀는 거울 앞에 섰다.

'나이 23세, 학력 고졸, 특별한 기술이나 자격증 없음.'

거울 앞에 선 자신의 모습은 고작 그것뿐이었다.

'제대로 할 줄 아는 거라고는 눈 씻고 찾아봐도 아무것도 없는데, 이런 나를 누가 받아주겠어.'

일자리를 구하기 위해 사방의 문을 두드렸지만, 돌아온 대답은 한결같이 '죄송합니다. 자리가 없습니다.'였다. 그래도 계속 일자리를 찾던 중 그녀는 어느 커피숍에서 설거지를 하는 주방보조 자리를 얻게 되었다. 하지만 그나마도 하루 만에 해고당하고 말았다.

커피숍에서 잘린 그날 밤, 그녀는 도저히 잠을 이룰 수가 없었다. 침대에 누워서 말똥말똥한 정신으로 '내게 한 가지 기술이라도 있으면 좋으련만….' 하면서 가슴을 치는데, 그 순간 언젠가 성경책에서 읽은 '기름 한 병' 이야기가 떠올랐다. 자신과 마찬가지로 절망에 빠진 여인의 이야기였다.

남편이 남긴 빚 때문에 두 아들이 노예로 팔려갈 위기에 처하자, 절망에 빠진 여인은 남편의 스승이었던 예언자를 찾아가 도움을 청한다. 예언자는 그녀에게 이렇게 물었다.

"네 집에 무엇이 있는지 내게 고하라."

그러자 여인은 이렇게 대답했다.

"기름 한 병 말고는 아무것도 없습니다."

예언자는 여인에게 밖에 나가서 이웃들에게 빈 그릇이란 빈 그릇은 모조리 빌려오라고 했고, 그 그릇에다 기름을 부으라고 말했다. 그녀는 예언자의 말대로 그릇을 모아 기름을 붓기 시작했다. 그런데 아무리 붓고 또 부어도 계속해서 기름이 나오는 것이었다.

더 이상 기름을 담을 빈 그릇이 없어졌을 때 여인은 다시 예언자에게 달려가 자기가 경험한 놀라운 기적을 이야기했다. 그러자 예언자는 여인에게 "너는 가서 기름을 팔아 빚을 갚고 남은 것으로 두 아들과 함께 생활하라."라고 말했다.

'기름 한 병'이란 '상징'에 불과할 테지만, 절박한 그녀에겐 그마저도 한 줄기 빛처럼 느껴졌다. 그녀는 골똘히 생각에 잠겼다. '내 집에 있는 것 중에 그릇들을 채울 수 있는 건 무엇일까?', '내 안에 있는 기름은 무엇일까?'

그 순간, 고등학교 때 국어 선생님의 얼굴이 떠올랐다. 선생님은 그녀의 작문실력이 매우 뛰어나다고 칭찬하시며, 학교 신문을 편집하는 일을 맡겨주셨다.

그녀는 벌떡 일어나 침대 밖으로 나왔다. 이미 밤이 깊었지만 다시 옷을 걸치고 부엌으로 걸어가 커피포트의 스위치를 올렸다. 그리고 난로 옆에 놓인 휴지통에서 〈볼드윈 파크*Baldwin Park*〉라는 주간지를 수북이 꺼내 식탁 위에 펼쳤다. 앉은 자리에서 그 신문에 실린 광고란 광고는 모조리 다 읽었다. '그래, 글 쓰는 일이라면 나도 잘할 수 있을 거야! 혹시라도 글 쓰는 일에 관련된 사람을 뽑는 광고가 있을지도 몰라!'

하지만 그녀가 원하는 구인광고는 좀처럼 눈에 띄지 않았다. 다만 광고문안들을 유심히 들여다보니 카피나 문장이 촌스럽고 형편없는 것들이 꽤 눈에 거슬렸다. '쯧쯧…. 나라면 이 지경으로 쓰지는 않을 텐데….'

그녀는 그 순간 어렴풋한 영감이 떠오르는 듯했고, 곧장 신문에 나온 허접한 광고문안들을 다시 고쳐 써보기 시작했다. 몇 차례 수정을 거쳐 나름의 샘플 광고문안을 다 완성했을 때는 이미 새벽을 지나 아침 해가 솟아오르고 있었다. 잠을 하나도 못 잤는데도 이상하리만큼 기분이 상쾌하고 몸도 날아갈 듯했다. 처음 맛보는 뿌듯한 희열이었다. 창틈으로 눈부신 아침햇살이 밀려들었다. 기분 좋게 주욱 기지개를 펴는데, 순간 그녀의 머리에 반짝하고 어떤 아이디어 하나가 떠올랐다.

그녀는 서둘러 옷장 문을 열었다. 그리고 최대한 맵시 나는 옷을 차려입고 곧장 읍내에 있는 신문사로 향했다. 4킬로미터나 되는 길을 걸으며 그녀는 자신이 꿈꾸는 미래의 모습을 상상하고 또 상상했다. 가슴이 벅차올랐다. 신문사에 도착하니, 작은 키에 깡마른 체구의 사나이가 근심에 찌든 얼굴로 사무실 안쪽에서 걸어 나왔다. 그 순간 그녀는 갑자기 코끝이 찡해지고 온몸의 피부가 팽팽해지면서 뭔가 신비스러운 밝은 빛이 쫙 비쳐오는 것 같은 환상에 빠졌다. 그녀는 그를 향해 소리쳤다.

"선생님, 혹시 신문사 사장님 아니세요? 사장님이시라면 광고지면을 좀 사러왔는데요."

그러자 사나이의 태도가 진지해졌다. 그때를 놓치지 않고 그녀는 자신의 계획을 설명하기 시작했다. 신문의 광고란을 도매가격으로 사들인 후 광고주를 찾아가 광고문안을 써서 신문에 실어주고 이익을 붙인 금액을 받는다는 것이었다. 그 대신 신문사에는 일주일 후에 대금을 지불한다는 조건도 제시했다. 놀랍게도 그녀의 제안은 받아들여졌다.

그날부터 그녀는 정신없이 뛰기 시작했다. 쉴 새 없이 신발

밑창을 바꿔 달아야만 했다. 구두수선공에게 갈 시간이 없을 때는 아예 구두를 벗어 어깨에 둘러메고 맨발로 걸었다. 결국 그녀의 광고문안에 매료되어 여기저기 단골이 생기기 시작했고, 보다 못한 남편이 찌그러진 중고차를 구해왔다. 중고차라도 타고 다녀야 할 정도로 고객이 많아졌던 것이다.

그녀는 성경에 나온 예언자의 말대로 '빌려온 그릇'인 광고란에다 집에 있던 '기름 한 병'인 자신의 글쓰기 능력을 붓고 또 부었다. 그리고 5,000달러의 빚을 갚았을 뿐만 아니라 유명한 광고대행업자, 세계 최고의 작가이자 강사가 되었다. 그녀가 바로 도티 월터스(Dottie Walters)다.

되돌아보라

새로운 내일, 그리고 나만의 가슴 뛰는 비전을 발견하기 위해서는 우선 자신을 되돌아보아야 한다. 과거 없는 오늘도, 과거 없는 내일도 없다. 더욱이 과거는 자신의 재능이나 성취 스타일을 가장 잘 보여주는 이력서이기도 하다.

자서전을 쓴다고 가정해보라. 삶이 진행될 당시에는 우연처럼 보였던 많은 일들이 실은 필연에 의한 산물인 경우가 많다. 과거에 자신이 했던 수많은 선택들을 곰곰이 살펴보면 사람마다 어떤 동일한 패턴을 발견할 수가 있다. 그것이 당신의 가치관이고 또 삶의 방식이다. 비전을 세울 때도 자신에게 가장 어울리는 일, 가장 자기다운 방식을 찾아내야 한다. 그래야만 합당한 비전이라고 할 수 있다.

월트 디즈니는 풍부한 만화가적 상상력이 있었기 때문에 디즈니랜드라는 꿈의 공간을 만들 수 있었다. 케몬스 윌슨은 어려서부터 홀어머니를 도와 장사를 하며 익힌 비즈니스 마인드와 사업가적 기질, 그리고 평소 호텔을 자주 이용하는 고객들의 니즈에 대한 확신이 있었기 때문에 호텔 체인 사업을 성공적으로 이끌 수 있었다. 만약 그 두 사람의 비전이 서로 바뀌었다면 어땠을까?

23세의 도티 월터스는 아무런 기술도 없었고 세상 물정이 어떻게 돌아가는지도 몰랐다. 거울 앞에 서서 초라한 신세를 한탄할 뿐이었다. 하지만 뒤늦게 한탄해봐야 달라질 것은 아무것도 없다는 사실을 잘 알고 있었다. 그녀는 한 걸음 앞으로 나아가기로 결심한다. 자신의 과거를 되돌아보고, 사람들이 살아온 이야기들을 되돌아보고, 거기서 교훈을 얻은 것이다. 누구도 흉내 내거나 따라오지 못할 자기만의 확고한 업(□)을 찾아내지 못한다면 현재의 고통은 끝나지 않을 것이라는, 지극히 평범하지만 소중한 진리를 발견한 것이다. 같은 잘못을 반복하지 않으려고 생전 처음 용기를 냈다. 과거를 되돌아보면서 과거에 집착하거나 발목 잡히는 것이 아니라, 오히려 과거의 실수나 실패를 만회하고 영원히 날려버릴 기회를 찾아낸 것이다. 어쩌면 절박한 상황이 있었기에 최고의 도약이 가능했는지도 모른다.

또한 그녀는 과거를 돌아보면서 자신이 글쓰기에 재능이 있었다는 사실을 찾아냈다.

당신은 어떠했는가? 지난 10년 동안 거둔 성공들, 당신이 한 일 가운데 가장 '나'다웠던 한 장면은 어떤 순간이었는가? '나'다운 장점과 특징을 가장 멋지게 유감없이 발휘했던, 가장 보람되고 자랑스러운 일은 무엇이었는가? 지난 10년 동안 했던 크고 작은 여러 선택들 가운데서 성장의 싹을 잘라버린 일, 다시는 반복하지 말아야 할 잘못된 선택은 무엇이었는가? 지난 10년 동안 당신에게 일어난 긍정적이고 중요한 변화는 무엇인가? 그러한 변화들이 최고의 성장동력이자 플러스 요소로 작용할 수 있게 하는 방법은 무엇인가?

되돌아보라. 이제까지 걸어온 길을 돌아보는 순간, 당신이 정말로 잘할 수 있는 일과, 당신이 정말로 즐길 수 있는 일이 무엇인지 찾아내라.

들여다보라

그렇다면 현재 당신의 모습은 어떠한가? 만족스러운 모습인가? 무언가 변화를 시도하지 않으면 안 되는 모습인가? 그것이 또 얼마만큼 절실한가? 만약 길은 제대로 선택했는데도 불만족스럽다면 과연 무엇이 문제인가? 환경인가? 방법인가? 아니면 당신 자신의 노력의 문제인가?

도티 월터스는 현재의 자기를, 자기 집을, 자기 처지를, 자신의 위기를 정확히 직시했다. 그리고 신문의 광고란을 통해 세상이 어떻게 돌아가고 있는지를 세밀하게 관찰했다. 빚만 잔뜩 진 채 아무런 재산도 없고, 열심히 해볼 일거리조차도 없는 자신의 형편을 인정하고 받아들였다. 자신의 능력과 필요, 정체성을 들여다보았다. 허공에 떠 있던 두 발을 '현실'이라는 거칠고 딱딱한 땅 위에 올려놓고, 자신에게 남아 있던 마지막 자본인 '기름 한 병'을 찾아냈다. 그것은 바로 글쓰기 재능이었다. 그녀는 그 자본의 가치를 알아냈고, 활용방안을 모색했다. 신문광고의 생산-유통-소비 과정을 들여다보며 자신이 파고 들어갈 수 있는 빈틈이 어디인지를 찾아냈다. 일어서서 커피포트의 스위치를 올리면서 창밖을 응시했다. 그리고 마침내 옷장 문을 힘차게 열어젖혔다.

들여다보라. 당신은 어떤 가치를 품었고, 무엇을 개척하고자 하는가? 창의성? 가족? 누군가를 돌보는 일? 리더십? 당신에게 남은 '기름 한 병'은 과연 무엇인가? 그것을 어디에다 사용하고 싶은가? 매니저 기질을 가졌는가, 아니면 활동가 기질을 가졌는가? 아니면 지식인? 공상가? 형제, 자매, 친구들, 부모님께 무엇을 선물하고 싶은가? 당신이 살고 싶고 또 만들고 싶은 세상은 어떤 세상인가? 그런 세상을 만들어나가는 데 어떤 역할을 하고 싶은가?

내다보라

도티 월터스는 그날 아침 집에서 신문사까지 걸어가면서 어렴풋하지만 활기찬 자신의 미래를 보았다. 낮에는 하루 종일 신문사와 광고주 사이를 오가며 거리를 누비고, 밤에는 광고주들의 감동과 찬사를 이끌어낼 멋진 광고문안을 작성하고 있는, 행복한 자신의 모습 말이다. 그리고 근심에 찌든 얼굴을 한 신문사 사장을 보면서 '저 사람보다는 훨씬 멋지게 쓸 수 있어.'라고 다짐하며 자신의 성공이 임박해왔음을 직감했다. 그녀는 되돌아보고 들여다보고 내다보았던 것이다. 과거, 현재, 미래를 환히 꿰뚫어보았기에 그녀는 이렇게 소리칠 수 있었다. "이번 주 광고란을 다 사겠어요."

그녀에겐 비전이 생겼고, 내일이 시작된 것이다.

내다보라. 앞으로 10년 후, 당신에게는 어떤 일이 벌어질까? 가장 두드러진 변화의 키워드는 무엇이며, 특히 당신의 진로에 관련된 트렌드는 어떻게 변할까? 그중 당신에게 유리하게 전개되는 요소들은 무엇인가? 그리고 당신에게 유리하게 작용하도록 미리 대비하고 노력해야 할 요소는 무엇일까? 앞으로 10년 동안, 그런 트렌드 속에서 당신은 몸과 마음과 지식과 기술, 가정, 그리고 사회적으로 어떤 변화를 만들어내고 이끌어갈까? 그래서 10년 후에는 어느 나라 어느 도시에서 누구와 함께 어떤 일을 하며 살게 될까? 그렇게 살기 위해서 지금부터 준비해야 될 것들은 무엇일까?

하나로 뭉뚱그려 꿰뚫어라

자신의 과거를 되돌아보고, 현재를 들여다보고, 미래를 내다보았는가? 그렇다면 이제 그것을 하나로 뭉뚱그려 꿰뚫어야 한다. 미래는 열린 공간이며 무한한 가능성의 세계이다. 하지만 자신의 과거와 현재를 무시한 비전은 자칫 허황된 망상이 될 수 있다. 그렇다고 과거나 현재의 실패 때문에 미리 주저앉거나 의기소침해질 필요도 없다. 과거의 실패요인을 분석하다 보면 그것이 본질적인 문제인지, 아니면 오히려 현재의 귀중한 자산이나 교훈이 되었는지를 판단할 수 있다. 어쩌면 그것이 한 치만 더 가면 성공할 수 있었던, 아까운 실패였을지도 모른다.

과거를 회상하며 반성하고 반추하여 얻은 혜안(Hindsight)과 현재를 바르게 보고 인식하는 통찰력(Insight), 그리고 장래를 내다보고 운명을 건 결단을 감행하는 선견지명(Foresight), 이 세 가지 요소가 하나로 꿰뚫어져 뭉뚱그려진 그림, 그것이 바로 당신의 비전이다.

비전, 약해지지도 그치지도 않는 전진의 북소리

미국 시카고대학의 벤자민 블룸(Benjamin Bloom) 교수는 스포츠 스타, 예술가, 저명한 학자 등 다양한 분야에서 두각을 나타내는 120명의 리더들을 조사해, 그들이 눈부신 성공을 거둘 수 있었던 원인을 알아보았다. 그리고 마침내 이러한 결론을 얻었다.

"성공에 영향을 미치는 결정적 변수는, 선천적인 재능이나 후천적인 양육환경이 아니다. 그것은 오직 스스로의 가치관에 따라 선택한 일, 즉 '하고 싶은 일을 했느냐'에 달려 있다."

비슷한 조사결과가 하나 더 있다. 중산층 1,500명에게 사회생활의 첫발을 내디딜 때 무엇을 직업이나 직장 선택의 기준으로 삼았었느냐고 물었다. 그랬더니 83%인 1,245명이 '봉급 많고 승진 빠른 직장'이라고 대답했고, 17%인 255명만이 '하고 싶은 일', 즉 자신에게 가장 소중한 일을 선택했다고 대답했다.

그로부터 20년이 지난 후 확인해보니, 전체 1,500명 중에서 101명의 백만장자가 나왔다. 그런데 놀랍게도 101명 중 단 1명을 제외한 나머지 100명 모두가 '자신이 하고 싶은 일'을 선택한 17%에 속한 사람들이었다. 그들은 주도적으로 리더십을 발휘하면서 하고 싶은 일을 하며 즐겁게 살고 있었다. 그런데 아이러니하게도, 좀더 빨리 좀더 많은 부를 축적하기 위해 20년 동안 허리띠를 졸라매고 불편한 인간관계를 참아내며 만족스럽지 않은 일을 해온 83%의 사람들은 대부분 보통 수준의 소득을 올리며 살고 있었다.

비전이 생기고, 어렴풋했던 자아영상이 생생해지고 선명해지면, 누구나 꿈꾸어온 미래, 자신에게 어울리는 미래로 스스로를 안내해 갈 수 있다. 왜일까? 비전이 생기면 어떤 놀라운 힘이 우리에게 주어지는 것일까?

첫째, 비전은 특별한 집중력을 발휘할 수 있게 해준다.
집중력은 모든 학업, 생업, 작품, 그리고 인생의 성패를 좌우한다. 마음을 집중하지 않고 통달할 수 있는 일은 이 세상에 한 가지도 없다. 이처럼 비전은 언제 어디서나 방향을 잃지 않게 해주는 나침반의 빨간 침이자 하늘에 떠 있는 북극성이다.
항상 궁극적인 목표지점을 알려주니 비전을 이루는 데 도움이 된다면 무슨 일이든 집중하게 만들어준다. 집중력이 올라가면 몰입상태에 빠져들고, 몰입상태에서 발휘되는 초인적인 능력은 우리의 상상을 뛰어넘는다. 결국 '비전'이라는 반짝이는 한 점을 바라보며 언제 어디서나 거기에 집중할 때, 우리는 현재 위치를 정확히 알 수 있고 따라서 나아가야 할 방향도 정확히 가늠할 수 있다.

둘째, 비전은 올바른 선택을 할 수 있게 해준다.
명료하고 단호한 판단의 척도와 선택의 기준, 이루고자 하는 삶의 목적이 있기 때문이다. 비전과 잘 맞는 길이라면 과

감히 선택하고 그렇지 못한 일은 주저 없이 버릴 수 있다. 그리고 아무렇게나 대강 선택해놓고 좋은 결과를 기대하는 어리석은 행동도 하지 않는다. 그러니 시간이든 에너지든 돈이든, 그의 인생에는 불필요한 '낭비'가 없다. 또한 일단 결정된 사안은 결코 미루거나 한쪽으로 치워두지 않는다. 장전된 총알처럼, 팽팽하게 당겨진 활시위처럼, 곧장 행동으로 옮긴다. 그래서 그의 삶에는 '지체'가 없다.

셋째, 비전은 우리를 솔선해서 움직이게 한다.
《성공하는 사람들의 7가지 습관》에서 스티븐 코비(Stephen Covey)는 비전을 가진 사람은 외부자극에 의해 움직이는 것이 아니라, 내부의 동인에 의해 솔선해서 먼저 움직이는 '프로액티브(proactive)'한 사람이라고 말한 바 있다. 누가 시키기 전에 능동적으로 먼저 움직이는 사람들은 내부에 자가발전 시스템을 가지고 있기 때문에 외부환경이나 조건, 상황의 변화에 일희일비하거나 동요하지 않는다. 그리고 내면에서 발현된 강력한 가치는 모든 충동과 욕구들을 훌륭히 컨트롤한다.

그러나 비전이 없는 사람은 '당근과 채찍' 같은 외부자극 없이는 움직이지 않는다. 눈치 보고 의존하고 끌려다니는 삶,

이 얼마나 불행한 삶인가? 또한 외부로부터의 압력이나 보상은, 그것이 일상화되고 만성화되면 확연하게 효과가 반감된다. 그러나 비전을 가진 사람은 외부자극에 의해서 움직이는 것이 아니라 내면적인 필요에 따라 움직이기 때문에 옆에서 아무리 말려도 그만두지 않는다. 그들을 먼저 움직이게 하고, 주변 분위기나 환경이 변해도 전혀 동요하지 않게 해주는 바로 그것, 그것이 비전이다. 비전은 우리의 인생에서 그치지도 않고 약해지지도 않는 행군나팔과 같은 역할을 한다.

넷째, 비전은 정신적·육체적 에너지를 공급해준다.

모든 위대한 업적과 성취는 열정·집요함·결단·도전·예지, 그리고 인내의 산물이다. 비전은 이러한 모든 힘을 샘솟게 하는 기적을 만들어낸다. 자신도 몰랐던 잠재력을 발굴해주고, 온몸을 마비시키는 듯한 두려움도 걷어낸다. 실패를 성공으로 전환시킬 용기를 주고, 넘어져도 웃으며 털고 일어나 다시 시작하게 해준다.

비전은 보이지 않는 것을 보게 한다. 들리지 않는 소리도 듣게 한다. 불가능을 가능으로 전환시키는 힘을 솟구치게 한다. 전구를 발명하기 위해 토마스 에디슨은 감자 껍질, 바나나 껍질 외에도 별별 희한한 재료들을 가지고 필라멘트를 만들려고 노력했다. 거의 4,000번 가까운 실패를 거듭했지만, 그래도 포기하지 않았다. 실패한 실험을 그저 '실패'로 생각하는 대신 그러한 경험들을 새로운 자원으로 간주했다. 월트 디즈니 역시 디즈니랜드를 만드는 과정에 다섯 번이나 파산 위기를 겪었다. 계속되는 실패와 좌절 앞에서 얼마나 괴롭고 두려웠을까? 하지만 비전은 이들에게 열정(Enthusiasm)을 이끌어내 주었고 불굴의 의지를 선물했다.

다섯째, 비전은 우리에게 피드백(Feedback)을 준다.
비전은 비행기의 자동조종 시스템과 같다. 일단 이 시스템을 작동시키면 비행기의 현재 위치와 진행방향이 정확하게 계기판에 표시된다. 목표지점과 조금이라도 어긋나 있다면 어느 쪽으로 몇 도를 틀어야 하는지 알려주기도 하고, 기상상태에 따라 구름 위로 날아야 할지 아래로 날아야 할지, 낙뢰와 우박을 피하려면 어느 길로 가야 하는지도 알려준다. 태평양 상공을 날아가는 비행기는 목적지에 안전하게 도착할 때까지 수차례 방향을 바꾸고 고도를 조정해야 할 것이다. 이처럼 비전은 계속 밀고 나아가야 할 것은 무엇인지, 궤도수정을 단행해야 할 것은 무엇인지를 정확히 알려준다.

여섯째, 비전은 미래의 시점에서 현재 상태를 정확히 직시하는 능력을 준다.

비전은 우리로 하여금 매일 매 순간 미래의 자기 모습을 그릴 수 있도록 한다. '오늘'에서 '미래'를 볼 뿐만 아니라 '미래'에서 '오늘'을 보는 것이다. IBM이나 삼성전자 같은 기업을 일으키고 있는 내 모습, X-선을 발견한 뢴트겐처럼 연구에 매진하고 있는 내 모습, 테레사 수녀처럼 봉사활동을 하고 있는 내 모습이 계속해서 머릿속을 떠나지 않게 해준다. 매 순간 그런 두근거리는 '내일'의 그림을 그리는 사람이 귀중한 '오늘' 하루를 게임에 빠져 있거나 술을 진탕 퍼마시며 흥청망청 날려버릴 리 없다. 1분 1초를 허투루 보내기는커녕 남들보다 10배, 100배 밀도 높게 사용할 수밖에 없다. 또한 비전을 가진 사람은 시간의 선순환 사이클을 경험한다. 내일의 비전이 오늘을 움직이게 하는 동기가 되며, 반대로 오늘의 결단과 행동이 내일의 보람과 행복으로 이어지기 때문이다.

비전은 내면적 통찰에서 비롯된 갈망과 결단이다. 현재의 우리를 미래로 가는 특급열차에 올라타게 하는 플랫폼이다. 우리를 전진케 하는, 약해지지도 않고 그치지도 않는 행군의 북소리다. 절박하고도 진실한 통찰의 결과로 무일푼의 가정주부 도티 월터스는 신문사를 향해 돌진하겠다는 작심에 이르렀다. 그리고 월트 디즈니의 머릿속에서 번뜩이는 통찰력의 전원이 켜지는 순간, 디즈니랜드라는 왕국이 탄생했다. 마찬가지로 케몬스 윌슨이 가졌던 예리한 통찰의 결과로 72시간마다 하나씩 홀리데이 인 호텔이 세워지는 놀라운 광경이 지구 위에서 연출되었다. 도티, 월트, 그리고 케몬스 모두가 바로 그런 통찰에서 삶의 비전을 찾고 진정한 기쁨과 즐거움을 맛보았던 것이다. 너무 먼 얘기처럼 들리는가? 이제 곧 당신이 경험할 것들이다.

숙명적인 하나의
키워드를 정하라

하면 할수록 더 재미있고, 더 잘하게 되고, 그래서 더 풍요로워지는
필생의 업(業), 단 하나의 키워드를 찾아내라.

토끼와 오리, 다람쥐가 동물학교에 입학했다. 셋은 각각 한 가지씩 장기가 있었다. 토끼는 발이 빨랐고, 오리는 헤엄을 잘 쳤고, 다람쥐는 나무타기에 재주가 있었다. 그런데 각자 자기 영역에서는 타의 추종을 불허할 정도였지만, 그 외의 종목에서는 성적이 형편없었다. 그래서 부족한 종목에 시간을 더 투자해야겠다고 생각했다.

토끼는 달리기 연습시간을 줄이고 수영과 나무타기를 열심히 연습했다. 그 결과 수영과 나무타기 실력은 조금 나아졌지만, 달리기 실력은 보통 수준으로 떨어지고 말았다. 오리도 수영 연습을 그만두고 온종일 달리기와 나무타기만 연습

했다. 오리 역시 달리기와 나무타기 실력은 조금은 나아졌지만, 결국에는 돌투성이 길을 달리고 거친 나무 등걸을 기어오르느라 물갈퀴가 다 찢어져 수영을 제대로 할 수 없게 되어버렸다.

다람쥐도 마찬가지였다. 나무타기 연습 대신 수영이며 달리기 연습을 하느라 발톱이 다 닳아버려서 나중에는 더 이상 나무 등걸을 움켜잡을 수도 없을 지경이 되었고, 결국 나무타기를 그만두어야만 했다. 토끼와 오리와 다람쥐 모두 여러 종목에 시간을 쪼개서 투자하다 보니, 처음에 가지고 있었던 한 가지 특기마저도 사라져버린 것이다.

우리는 비전이 우리에게 얼마나 놀라운 능력을 부여하는지, 우리를 얼마나 놀라운 세계로 이끄는지를 보았다. 하지만 불행히도 우리 주변에는 비전과 환상을 구분하지 못한 채, 자신에게 맞지도 않는 옷을 입고 평생 삶을 허비하는 사람들도 많다.

그렇다면 당신이 일생을 걸 올바른 비전, 월트 디즈니나 도티 월터스처럼 가슴 뛰는 삶을 살게 하는 인생의 화두는 무엇인가? 당신만의 그 숙명적인 키워드는 무엇인가? 그리고 그것을 어떻게 찾아낼 것인가? 만약 당신이 일찌감치 그것을 알고 있었다면 이번 장을 굳이 읽지 않고 건너뛰어도 좋다. 하지만 아직 그것에 확신이 없거나, 찾지 못한 사람이라면 다음의 이야기들이 도움이 될 것이다.

내 인생의 키워드를 찾는 네 가지 단서

《성공하는 사람들의 7가지 습관》의 저자 스티븐 코비, 동기부여 연설가 브라이언 트레이시(Brian Tracy), 전설적인 풋볼 코치 루 홀츠(Lou Holtz), 더바디샵(The Body Shop)의 설립자 아니타 로딕(Anita Roddick), 심신의학 전문가 디팩 초프라(Deepak Chopra) 등과 같은 초일류 인사들은 한 번 강의에 3~5억 원 정도의 강의료를 받는다.

  엄청난 액수가 중요한 것도 아니고, 그들의 목적이 돈에만 국한된 것도 아닐 것이다. 다만 그 정도로 그들이 사람들에게 영향력을 미치고 자신의 분야에 대한 놀라운 전문성을 갖추고 있다는 의미다. 그런데도 불구하고 사람들은 그들의 보수가 엄청나다는 사실에만 주목할 뿐, 그들이 그런 수준에 도달하기 위해 어떤 노력을 기울였는지에는 별로 관심이 없는 것 같다. 그들은 리더십, 성취동기, 몸, 건강이라는 한 단어, 운명의 가닥을 잡게 해준 숙명적인 하나의 키워드에 최소한 6만 시간 이상을 쏟아 부었기에 그런 초일류의 경지에 오를 수 있었다.

인생은 키워드다. 한 단어만 찾으면 된다. 비전을 발견한다는 것은 그런 숙명적인 하나의 키워드를 찾아내는 것이다. 라이트 형제의 숙명적인 키워드는 '비행'이었다. 토마스 에디슨이 선택한 키워드는 '전구'였고, 알프레드 노벨은 '화약', 쇼팽은 '피아노', 애니카 소렌스탐(Annika Sorenstam)은 '골프', 오프라 윈프리는 '토크쇼', 장보고는 '해상무역', 운보 김기창은 '그림'이라는 키워드를 선택했다. 그리고 그 키워드에 인생의 승부를 걸었다. 운명을 건 키워드에 모든 시간과 에너지를 투자했고, 그 키워드에 관해서만큼은 최고의 경지에 도달했다.

'눈 씻고 찾아봐도 내 인생에는 그런 키워드가 없다'고 벌써부터 실망할 필요는 없다. 없는 게 아니라 아직 찾아 나서지 않은 것뿐이니까. '내 인생의 키워드'를 찾는 방법은 다양하다. 어떤 사람은 취미나 적성 또는 취향 속에서 찾기도 하고, 때론 열화와 같은 소망과 결의가 단서가 되기도 한다. 바람직한 것은 자신이 가장 중요하게 생각하는 것, 가치판단이 단서가 되는 경우이며, 가장 이상적인 것은 이런 모든 요소가 일치하는 경우이다. 이제부터 '내 인생의 키워드'를 찾아내기 위한 몇 가지 단서들을 살펴보자.

첫 번째 단서, 신체적 특징

어떤 사람에게는 타고난 신체적 조건이 운명적인 키워드를 찾아내는 단서가 된다.

한 소년이 어머니에게 드릴 선물로 양말을 사왔다. 그런데 선물을 받은 어머니는 기뻐하기는커녕 깜짝 놀라며 화를 내는 것이었다.

"너 정신 나갔니? 우리 퀘이커 교도에겐 이런 색은 금지야!"

"초록색이 왜 금지예요?" 하고 소년이 되물었다.

"뭐? 이게 초록색이라고?"

어머니는 깜짝 놀라며 다그쳐 물었다.

"이게 정말 초록색으로 보인단 말이니? 이건 빨간색이잖아! 너 왜 이러니?"

소년은 더욱 어리둥절한 표정으로 어머니를 바라보았다.

결국 소년과 어머니는 양말이 '초록색'이냐 '빨간색'이냐를 가지고 한참 동안 실랑이를 벌였다. 소년이 달려가서 형을 불러왔다. 그런데 형도 그 양말이 초록색이라고 하는 게 아닌가. 기가 막힌 어머니는 이웃들에게 양말을 보여주었다. 그들은 하나같이 빨간색이라고 입을 모았다.

  소년은 이 문제를 심각하게 받아들였고, 자기와 형의 눈이 색을 제대로 구별하지 못한다는 결론을 얻었다. 그러고는 자신처럼 눈에 이상이 있는 사람들이 분명히 더 있을 거라는 생각에 이르렀다. 그 후로 소년은 '색을 식별하는 능력'이라는 그 하나의 키워드만을 생각하며 수십 년간 수많은 조사와 연구 끝에 드디어 〈색맹(色盲)을 논함〉이라는 논문을 내놓았다. 오늘날 사람들은 그의 이름을 따서 적록색맹을 '돌터니즘(Daltonism)'이라 부른다.

  그는 영국의 화학자이자 물리학자인 돌턴(John Dalton)이다. 그는 원자론의 창시자이자 기상학의 대가로도 유명하지만, 아주 심한 색맹이어서 붉은 빛깔이 그에게는 항상 녹색으로 보였다고 한다. 자신의 신체적인 특징을 '인생의 키워드'로 삼고 그것에 대해 깊이 연구한 그는 죽기 전 자신의 안구를 연구에 사용해달라는 유언까지 남겼다고 한다. 색맹이라는 장애를 오히려 탐구대상으로 삼고 끊임없이 연구에 매진했던 탐구자 돌턴, 그를 존경했던 맨체스터 시민들은 그가 살아 있을 때 기금을 모아 조각상을 세웠고, 그의 장례식에는 4만 명의 시민이 모일 정도였다고 한다.

두 번째 단서, 재능과 소질

어떤 사람에게는 천부적인 재능과 소질, 적성이 숙명적인 키워드를 찾아내는 계기가 된다.

한 소녀가 있었다. 고등학교를 졸업하고 뉴욕 맨해튼의 어느 컴퓨터 회사에서 파트타임으로 일하던 그녀는, 직장동료들과 우연히 찾은 당구장에서 온몸을 싸고도는 강렬한 느낌을 받았다. 마치 다른 세계에 온 기분이랄까. 이거야말로 내 운명이구나 싶었던 그녀는, 최고의 당구선수가 되기로 결심했다. 당장 그날부터 중요하게 여겼던 모든 것들과 과감하게 이별하고 포켓볼 연습에 몰입했다. 하루 10시간 이상 당구대에 붙어살며 새벽 2~3시까지 미친 듯이 연습했고, 큐를 잡은 손가락 모양을 유지하기 위해 테이프를 손에 감고 생활하기도 했다. 37시간 연속 플레이를 하고 쓰러져 1주일간 앓아누운 일도 있었다. 그녀의 말대로 "당구를 먹고 마시며 호흡했다."

그런데 그녀에게는 커다란 핸디캡이 있었다. 바로 선천성 척추측곡(척추가 옆으로 휘는 병)이었다. 그녀는 열두 살 때 휘어진 척추를 바로잡는 대수술을 받았다. 척추를 조각내서 다시 붙이고 거기에 금속막대를 이식하는 수술이었다. 수술은 성공적이었지만, 그 후 몸을 굽힐 때마다 찾아오는 고통을 없애기 위해 무려 여덟 번이나 척추교정 수술을 더 받아야 했다. 발작을 일으킬 정도로 통증이 심했지만, 그녀는 밤새 당구연습을 했고 당구장에서 쓰러지기를 반복했다. 남들보다 늦게 시작한 데다 신체적인 약점까지 안고 있었으니 그녀가 다른 사람을 이길 수 있는 길은 단 하나, '연습'뿐이었다.

"처음 당구를 쳤을 때 뒤통수를 얻어맞은 듯한 충격을 받았죠. 처음으로 큐를 잡고 당구공을 친 순간, '최고의 당구선수가 되어야겠다!' 하는 생각이 들었습니다. 당구가 내 삶의 일부이고, 내 삶의 나머지가 되리라는 것을 본능적으로 알게 되었어요."

그녀가 바로 '검은 독거미'로 불리는 재미교포 2세 여자 당구선수 자넷 리(Jeanette Lee)다. 자넷 리는 1993년 프로에 데뷔하자마자 여자프로당구 세계랭킹 8위에 올랐고, 1994년에는 여자프로당구협회(WPBA) 챔피언을 차지하며 랭킹 1위에 올랐다. 1995년에는 열두 번의 세계대회 중 다섯 번이나 우승을 차지하며 2년 연속 세계랭킹 1위를 지켰다. 큐를 잡은 지 불과 5년 만의 일이었다. 그녀는 자신이 운이 좋았을 뿐이라며 아직도 하루에 4시간 이상을 당구대 앞에서 보낸다. 하루도 연습을 쉬는 날이 없다. 몸속에 박힌 금속막대는 여전히 그녀에게 고통을 안겨주고 있고, 정기적으로 의사의 처방과 물리치료를 받아야 하지만 그녀는 웃으며 말한다. "지금까지 나를 이끌어 온 건 내가 들고 있는 이 큐와 내 몸 속에 있는 또 다른 큐, 금속막대였어요." 큐는 그녀의 숙명적인 키워드였던 것이다.

척추측곡이라는 중대한 핸디캡을 가진 그녀가 처음 당구에 입문할 때만 해도 정상에 오를 가능성은 그야말로 희박했다. 그러나 그녀는 가능성을 따지기보다는 그저 맹렬하게 앞으로 전진했다. 강한 승부근성과 누구도 꺾지 못하는 고집, 뜨거운 열정과 뛰어난 재능으로 그녀는 세계 포켓볼 1인자, 122게임 연속 퍼펙트를 기록하기도 한 포켓볼의 마술사가 된 것이다.

세 번째 단서, 취미와 취향

어떤 사람에게는 맹목적인 취향이 가슴 뛰는 삶의 숙명적인 키워드를 찾게 해주는 단서가 된다.

미국의 어느 라디오에서 '캐피탈 레코드(Capital record)'라는 노래가 흘러나오고 있었다. 멜로디도 좋았고 가수의 목소리 또한 너무나 멋있었다. 노래가 끝나자 DJ는, 이 노래가 컨트리 뮤직차트 인기순위에 올라 있으며 가수이자 작곡가인 돈

슐리츠(Don Schlitz)의 곡이라고 소개했다. 라디오를 듣고 있던 돈의 고교동창들은 입을 떡 벌리고 할 말을 잃었다. 왜냐하면 그는 지독한 음치였기 때문이다.

고등학교 시절 돈은 탬버린을 흔들며 노래하는 것을 무척이나 좋아했지만 무슨 노래를 해도 음정과 박자를 정확하게 맞춘 적이 없었다. 단 한 소절도 말이다. 그러면서도 그는 자신을 작곡가이자 가수라고 생각했으며 친구들에게도 그렇게 말하고 다녔다.

그는 누구를 만나든지 음악 이야기를 꺼냈고 상대방이 몇 마디만 받아주면 같이 밴드를 결성하자고 제의했다. 그렇지만 돈이 지독한 음치라는 것을 알 만한 사람은 다 알았기 때문에 '음악'에 대해서 뭔가를 좀 아는 사람일수록 그의 제안을 거절했다. 시간이 흘러 돈은 우여곡절 끝에 밴드를 결성하기는 했지만 그 멤버들 모두가 돈과 마찬가지로 음치였다.

고등학교를 졸업한 돈은 듀크대학교에 들어갔지만 음악을 향한 열정을 도저히 억누를 수가 없어서 2년 만에 학교를 중퇴하고 음악도시로 알려진 내슈빌(Nashville)로 갔다. 빈털터리였던 그는 밤에는 파트타임 아르바이트를 하고, 잠은 중고차에서 해결했다. 돈이 없기도 했지만, 낮에는 음반회사를 찾아다녀야 했기 때문이었다.

탬버린을 들고 수많은 음반회사를 찾아다니며 자신의 실력을 보여주었지만 그에게 되돌아온 것은 비웃음과 경멸의 눈초리뿐이었다. 그래도 그는 개의치 않았다. 오히려 그러면 그럴수록 더 열심히 다녔다. 그 과정에서 그가 깨달은 것은 자신에게 발성연습이 좀더 필요하다는 사실과 탬버린만으로는 아무것도 되지 않는다는 사실이었다.

그래서 그는 기타를 배우기로 결심했다. 최소한의 시간 동안 굶어죽지 않을 만큼만 돈을 벌면서, 나머지 시간은 오로지 기타를 배우고 작곡과 발성연습을 하는 데만 집중했다. 매일 미친 듯이 기타를 치고 발성연습으로 목청을 틔우며 그야말로 죽도록 연습에만 매달렸다. 그리고 여전히 스스로가 가수이며 작곡가라는 환상(?)에 사로잡혀 유명한 뮤지션들이 모이는 클럽 주위를 배회했고 돌아와서는 또 연습을 했다.

그는 결국 미국에서 최고의 인기를 누렸던 케니 로저스(Kenny Rogers)의 컨트리 뮤직 '더 갬블러(The Gambler)'를 작곡했다. 이 노래는 높은 시청률을 기록한 TV 드라마에 삽입곡으로 나오기도 했다. 돈은 작곡한 노래들 중 50곡 이상이 컨트리 뮤직차트 5위 이내에 진입할 정도로 훌륭한 작곡가가 되었고, 수많은 상을 받으며 대중의 사랑도 많이 받았다. 남들이 그렇게 비웃었던 음치가 미국 컨트리 뮤직의 대부가 된 것이다.

앞에서 말한 대로 그는 음악에 신통한 재능이 있는 것도 아니었다. 든든한 배경이 있어 전문 음악학교를 다녔다거나 유명한 선생님에게 개인지도를 받은 적도 없었다. 특별히 관심을 가지고 조언을 해준 후견인도 없었다. 응원은커녕 어딜 가나 사람들은 그를 비웃고 업신여겼다. 그러나 그는 자신을 휘감아오는 뿌리칠 수 없는 취미와 취향에 따라 일찌감치 자신의 삶을 가닥 잡을 숙명적인 키워드로 '음악'을 택했고 그 키워드에 6만 시간 이상을 쏟아 부었다. 그렇게 해서 그는 자신에게 어울리는 미래를 창조하는 데 성공했다.

네 번째 단서, 가치관과 신념

어떤 사람에게는 가치판단이 숙명적 키워드를 찾아내는 단서가 된다. 현대 경영학의 대부 피터 드러커(Peter Drucker)가 전형적인 모델이다.

1930년대 중반 런던에서 피터 드러커는 자타가 공인하는 촉망받는 젊은 은행가였다. 은행가라는 직업은 그에게 너무나도 잘 어울렸고, 누가 봐도 그의 삶을 이끌어갈 숙명적인 키워드는 '금융업'인 것처럼 보였다. 분명 재능과 적성에 맞는 일이었고, 어느 모로 보나 피터 드러커 자신에게 필생의 업(業)으로 삼기에 적절한 일이었다. 그러나 그는 자신이 은행가라는 직업을 가지고 사회에 어떻게 공헌할 수 있을까 하는 고민에 빠졌다. 물론 돈을 많이 벌고 권력도 얻을 수 있는 좋은 직업이었지만, 그는 그저 세상에 숱하게 많은 백만장자 중 한 사람으로 기억되는 일에는 아무런 흥미도, 의미도 느끼지 못했다. '돈 많은 은행가'는 자신이 사회에 공헌할 수 있는 최선이자 최고의 모습이 아니라는 생각이 들었고, 다른 모습으로 많은 사람들에게 영향력을 주는 상상을 하기 시작했다. 그리고 '인간경영'이라는 새로운 키워드를 찾아냈다. 《프로페셔널의 조건》이라는 책에서 그는 은행가의 길을 접었던 그 시절을 이렇게 회상했다. "대공황 시절에 은행을 그만둔 나는 돈도 없었고, 직업도 없었고, 무엇보다 전망도 밝지 않았다. 그러나 나는 은행에서 물러났다. 그리고 그것은 옳은 결정이었다."

드러커는 자신의 숙명적인 키워드를 찾기 위해서 자기 자신에게 다음과 같은 질문을 던졌다. '세상에서 가장 가치 있는 삶은 무엇인가?', '이 시대에 가장 필요한 일은 무엇인가?'. 그리고 그 결과 이런 답을 얻었다. '격변기를 살아가는 이 시대의 사람들에게 필요한 인간경영의 지혜를 탐구하는 것'. 자신의 강점보다는 자신의 가치관에서 숙명적인 키워드를 찾았던 것이다. 때론 재능과 가치관이 상충하기도 하는데, 두 가지가 일치하면 더할 나위 없이 좋겠지만 그렇지 못할 땐 어차피 하나를 선택해야 한다.

그러나 어느 쪽이 더 바람직하다거나 더 효과적이라고 쉽게 단정할 수는 없다. 강점을 우선으로 하되 가치를 극대화할 수도 있고, 가치를 먼저 선택하고 그 안에서 강점을 살릴 수도 있기 때문이다. 문제는 '맹목적인 성공'을 추구하는 것이 아니라 '가치를 창조한다'는 원칙을 지키고자 하는 의지다.

6만 시간을 투자해도 아깝지 않을 단 하나의 키워드

당신의 인생을 걸 단 하나의 숙명적인 키워드를 찾아라. 가치관, 시대정신, 재능, 소명감, 자아상, 그리고 당신이 만들고 싶은 세상을 하나의 단어에 모두 응축시키고 집약하라.

당신을 가슴 뛰게 하는 단 하나의 키워드, 그것은 20년 이상을 투자해도 아깝지 않을 만큼 결정적이고 숙명적인 것이어야 한다. 결말이 어떻게 나든 그 키워드를 붙들고 있다는 사실 자체만으로도 가슴이 설레야 한다. '검은 독거미' 자넷 리는 큐만 잡고 있으면 모든 잡념이 사라지고 공에만 몰두하게 된다. 오로지 공만 노려보며 호흡을 가다듬고 집중한다. 이어서 공들이 부딪치는 소리가 들리면 자신이 그린 그대로 공들이 춤을 추고 있고, 그 모습을 보고 있노라면 형언할 수 없는 즐거움에 빠지는 것이다.

하면 할수록 더 재미가 있고, 그래서 또 하고, 그러다 보니 어느새 더 늘고, 하지 않고는 배길 수가 없어서 또 하고, 실력이 느는 재미 때문에 더 하고 싶어지는 그런 일이어야 한다. 그리고 그 결과로 나 혼자만 신나게 잘 사는 게 아니라, 시대적인 염원과 갈증까지도 시원하게 풀어줄 수 있는 것이어야 한다.

그 키워드가 거문고, 휴대전화, 에어컨, 경주마, 토끼, 바퀴벌레, 피부, 눈, 콩, 오이, 우유, 영양제, 신경통이라도 좋고, 혈액, 옥수수, 감자, 양파, 게임, 애니메이션, 책, 분재, 가죽, 요리, 유아, 여론, 심리, 수필 등 그 어떤 단어라도 상관없다. 그 한 단어에 미치기만 하면 된다. 그런 수준에 도달하는 것은 누구나 가능하다. 그렇다. 누구나 가능하다.

필자는 '비전'이라는 단어에 이제까지 약 3만 시간 정도를 투자했다. 생애통산 마일리지로 정한 6만 시간이라는 목표를 채우는 날이 되면, 한 번 강연에 5억 원을 받는다는 초일류 명사들과 비슷한 수준에 이르리라는 소망을 품고 오늘도 열심히 마일리지를 채우고 있다.

영화감독 스티븐 스필버그는 "12살, 나는 영화감독이 되기로 결심했고 그 길만을 위해 살아왔다"고 말한 바 있다. 세계적인 봉사단체 그레 팬더즈를 창설한 매기 쿤이 자원봉사라는 숙명적인 키워드를 발견한 것은 65세였고 더바디숍의 아니타 로딕이 화장품이라는 키워드를 선택한 것은 34세 때였다. 질레트 면도기의 창업자 킹 질레트가 면도기라는 단어를 선택했을 때 그의 나이는 40세였다. 숙명적인 키워드를 찾는 데 최적의 나이라는 것은 따로 없다. 현재의 자기 나이가 가장 알맞은 나이이다. 중요한 것은 언제 선택했느냐가 아니라, 6만 시간 이상을 그 키워드에 실제 쏟아부었느냐 하는 것이다.

자기계발 분야에서 강조하는 개념 중에 '시간전망(time perspective)'이라는 것이 있다. 무언가를 성취하기 위해 더 멀리 내다보고 더 많은 시간을 투자한다는 것이다. 부자들이 꼽은 경제적 성공의 결정적인 비결이 바로 '시간전망'이라고 한다. 사회적 성취도가 높은 사람일수록 그 사람의 시간전망 또는 시간지평이 길었다는 연구결과도 있다. 이 말은 성공한 사람일수록 지금 당장의 수입이 아니라 먼 미래의 성공을 바라보며 그것을 위해 인내하면서 시간을 투자한다는 방증이다.

쉬운 예로, 의사나 교수가 되려면 한 분야에서 10년 이상 공부를 해야 한다. 그들은 직업을 얻는 데 다른 사람들보다 평균적으로 2배 이상의 시간을 투자한다. 이렇게 오랜 시간을 투자한 뒤에야 의사나 교수가 된다는 사실은, 그 직업이 부와 지위 같은 사회적 보상을 보장받는 이유 중 하나다. 또한 사람들은 그들이 의사와 교수라는 직업에 종사하기 위해 긴 시간 동안 희생을 치렀다는 점을 존경하기도 한다. 당장 월급 많이 주는 직장을 선택하기보다는 좀 고되더라도 멀리 내다보고 성장가능성이 더 큰 분야에 뛰어드는 사람들도 시간전망이 긴 사람이라고 할 수 있다.

예술 분야는 특히 더 그렇다. 젊은 나이에 일약 스타가 되는 예술가들도 있긴 하지만, 예술 분야에서는 시간전망이 더욱 중요한 가치다. 음악이든 미술이든 무용이든 예술의 한 분야에서 '대가'가 된다는 것은 긴 시간 동안 꾸준히 자신을 갈고 닦으며 한계에 도전하고 끊임없이 열정을 불살라야만 이를 수 있는 경지이기 때문이다.

긴 시간전망을 가진 사람들은 성공을 얻고자 기꺼이 대가를 감수한다. 그들은 자신들이 행한 선택과 결정의 결과에 일희일비하지 않는다. 10년, 20년 그리고 30년 이후의 앞날을 내다보며 살고 있기 때문이다. 마가렛 미첼(Margaret Mitchell)은 《바람과 함께 사라지다》를 쓰기 위해 자료수집에만 20년을 바쳤다. 에드워드 기번(Edward Gibbon)도 《로마제국의 흥망사》를 쓰는 데 20년이 걸렸고, 노아 웹스터(Noah Webster)가 《웹스터사전》을 만드는 데는 36년이 걸렸다.

이에 반해 성취 수준이 낮은 사람들일수록 비교적 짧은 시간전망을 갖고 있다. 즉각적인 만족감에 초점을 맞추며 살기 때문에, 장기적인 관점에서 보면 부정적인 결과에 이를 것이 뻔한데도 참지 못하고 지금 당장 편안하고 달콤한 길을 선택하는 것이다.

'나에게 어울리는 미래'의 다섯 가지 조건

숙명적인 키워드를 한번 정했으면 결코 옆을 두리번거리거나 뒤를 돌아보지 말고 곧장 앞으로만 나아가야 한다. 그렇게 할 수 없는 '그저 그런 키워드'라면, 그것은 나에게 꼭 맞는, 나에게 꼭 필요한 숙명적인 키워드가 아니다.

그렇다면 당신이 찾아낸 키워드가 정말 일생을 바칠 만한 숙명적인 키워드인지 아닌지, 그리고 가치 있는 것인지를 판단할 수 있는 기준은 무엇일까? 내가 찾은 비전과 키워드가 진정으로 나에게 어울리는 미래인지 아닌지를 가늠해보기 위해서는, 다음과 같은 몇 가지 조건을 충족시켜야 한다.

첫 번째 조건은 '독특성'이다.

다른 사람에게는 보이지도 들리지도 않고 필요하지도 않고 불가능해 보이지만, 나에게는 보이고 들리며 필요한 것인 동시에 가능케 할 지략과 방법이 떠오르는 그런 것이어야 한다. 다른 사람이 해도 할 수는 있겠지만 내가 하면 더 잘할 수 있을 것 같은 그런 것이어야 한다. 다른 사람이 하면 99% 비슷하기는 하지만 내 것과 비교하면 뭔가 1% 부족해 보이는 그런 것이어야 한다. 미국이나 일본, 유럽, 아프리카 사람에게는 필요하지도 않고 불가능한 것이지만 한국인이기 때문에 필요하고, 여자라서(남자라서) 더 잘할 수 있고, 나이기 때문에 가능해지는 그런 것이어야 한다.

두 번째 조건은 '탁월성'이다.

불타는 도전의욕과 열정을 불러일으킬 수 있을 만큼 만족스럽고 매력적인 것이어야 한다. 그저 그런 일이 아니라, 그것을 입속으로 중얼거릴 때마다, 그것이 완성된 모습을 머릿속에 그려볼 때마다 가슴이 뛰고, 행복해지고, 주먹이 불끈 쥐어지고, 아드레날린이 팍팍 치솟고, 가벼운 전율을 느낄 정도로 당신을 그리로 잡아당기는 것이라야 한다. 그러자면 세계적인 수준과 스케일, 그리고 정말로 많은 사람이 공감할 정도로 멋진 모습, 인류의 절실한 갈망을 1%라도 해결해주는 그런 것이어야 한다.

세 번째 조건은 '역사성'이다.

자신이 살고 있는 당대의 사람이 되는 것이 중요하다. 아무리 특출한 인물이라 해도 그 시대의 일부라는 점을 잊지 마라. 사람이든 물건이든 그에 맞는 시기가 있다. 더 진보된 시대에 태어났더라면 훨씬 더 위대해질 수 있었던 사람들도 있고, 다른 시대였다면 꿈도 못 꿀 성공을 이루는 사람들도 있다. 많은 사람들이 시대를 잘못 타고 났다며 시대 탓을 하곤 하는데, 이미 태어나버린 이상 다른 시대에 다시 태어나는 게 현재로서는 불가능한 일이라면, 자신이 꿈꾸는 세상을 상상하고 그렇게 되도록 작은 노력이라도 보태는 게 더 바람직하지 않을까?

네 번째 조건은 '불변성'이다.

생애 전체에 걸쳐 일관성 있게 추구할 수 있을 만큼 원대한 비전이어야 한다. 3년, 5년, 10년 정도 집중적으로 노력하면 달성되는 것은 비전이라기보다는 목표라고 하는 것이 옳다. 우리에게 어울리는 원대한 비전은 매일, 매월, 매년 현실로 다가오고 있긴 하지만 삶의 종착역에까지 가보아야 겨우 완성된 모습이 보일까 말까 할 정도로 크고 높은 것이어야 한다.

다섯 번째 조건은 '소명성'이다.

시대정신과 역사의식에 따라 간직하게 된 것만이 우리에게 어울리는 미래, 즉 비전이다. 위에서 언급한 네 가지의 요건을 아무리 잘 갖추었다고 해도 소명성이 없으면 그것은 비전이라기보다는 그냥 욕망 혹은 바람일 뿐이다. 허영심에서 비롯된 야망이나 출세, 개인의 영달이나 이기적인 욕망을 채우기 위한 목표, 복수심이나 경쟁심에서 유발된 부정적인 목표는 우리에게 어울리는 미래가 아니다. 치열한 시대정신, 자기희생, 역사의식으로부터 비롯된 것으로서, 사람들에게 유익을 선물할 수 있는 지략과 이상(理想)을 담아내는 것이어야 한다.

역사적 소명의식과 숙명적 묵시의 빛이 교호작용을 하는 가운데 설정된 최종 목표지점이 아니면, 그 어떤 미래상도, 선견지명도, 마음속의 그림도 결코 우리를 행복으로 인도하지 못할 것이다.

1부 시작 부분에 있었던 질문들, '당신은 누구인가, 당신은 왜 지금 여기에 있는가, 어디로 가려는가'에 대해 두세 개의 단어로 거침없이, 아무 고민 없이 본능적으로 대답이 튀어나올 때까지 그것을 찾아내라. 쇼펜하우어처럼 공원벤치에 앉아 밤을 꼬박 새서라도, 짐 캐리처럼 할리우드의 가장 높은 언덕에 올라 하염없이 도시를 바라보면서, 월트 디즈니처럼 놀이공원의 회전목마 앞에서, 상상력의 전원을 켜라.

환히 뚫릴 때까지 묻고 대답하라. 바닥까지 파헤치고 끝까지 물고 늘어져라. 그래서 당신의 삶을 집약할 숙명적인 하나의 키워드를 찾아내라. 그 키워드를 어떻게 작동시킬 것인지, 당신의 삶과 당신이 살아가는 세상에 어떤 결과를 가져오게 만들 것인지, 결의를 밝혀라. 그리고 당신 자신에게 어울리는 미래는 어떤 것인지 지금 결정하라. 결정하는 그 순간 내일이 시작된다.

당신에게
어울리는 미래

당신이 꿈꾸는 미래는 어떤 모습인가?
미래일기에 구체적으로 써보고 풍경화처럼 사실적으로 그려보라.

당신이 만약 하루 10시간씩 1년에 300일, 그렇게 20년간 6만 시간을 투자할 만한 숙명적인 하나의 키워드를 찾아냈다면, 이제 그 키워드를 가지고 미래를 어떻게 창조할 것인지, 당신의 미래는 어떤 모습이어야 하는지를 종합적으로 그려보아야 할 차례다. 막연한 것이 아니라, 실제로 생길 수 있는 구체적인 결과를 눈앞에 그려보라.

시간과 장소와 인물을 구체적으로 생각해야 한다. 없애고 싶은 것이 아니라 만들어내고 싶은 것에 초점을 맞추고, 중간목표나 방법이 아니라 최종적인 결과에만 집중해보라. 어떤 모양인지, 어떤 냄새가 나는지, 어떤 소리가 나는지, 그리고 무엇보다 어떤 느낌이 드는지 살펴보라. 어디서 살게 될 것인지, 누구와 함께 시간을 보내게 될 것인지, 어떤 활동을 해야 될 것인지, 그리고 얼마나 벌고 싶은지를 세세하게 결정하라.

당신에게 어울리는 미래를 구체화해볼 수 있는 방법 중 하나가 '미래여행'과 '미래일기'이다.

마음의 노트북에 미래를 스캐닝하라

우리 각자에겐 이 세상 그 누구와도 비교할 수 없는 독특한 자아영상이 있다. 자신의 생김새, 마음씨, 그리고 사회적 역할에 대해 자기 자신이 생각하는 마음속의 그림이다. '미래여행'은 그 무대를 미래로 옮겨서 자신이 원하는 자아상을 미리 떠올려보는 것이다.

그럼 지금부터 당신이 꿈꾸는, 당신에게 어울리는 미래의 어느 날로 날아가서 그날 하루일과를 그려보자. 일어나서부터 잠들 때까지 하나하나 살펴볼 것이다. 몇 시에 잠에서 깼는가? 눈을 뜨자마자 보이는 것은 무엇인가? 기분은 어떤가? 그리고 제일 먼저 무슨 일을 하는가? 그 뒤엔? 낮엔 무슨 일을 하는가? 어디로 가는가? 그곳에 어떻게 가는가? 거기엔 누가 있는가? 그리고 집에 돌아왔을 때 제일 먼저 하는 일은 무엇인가? 가장 큰 기쁨을 주는 것은 무엇인가?

어떤 그림이 마음속에 있는가? 스튜디오에서 방송을 하고 있는 모습인가? 경영전략 회의를 주재하고 있는 모습인가? 수천, 수만 명의 관중 앞에서 멋진 플레이를 하고 있는 스포츠 스타의 모습인가? 아니면 장애인들을 위해 밥을 짓고 있는 모습인가? 병들고 쓸쓸한 노인을 찾아가서 목욕을 시켜드리고 있는 모습인가?

그 영상은 생각만 해도 현재의 삶을 즐거움으로 가득 차게 할 그런 것이어야 한다. 그런 영상을 간직하고 사는 사람에겐 특별한 에너지가 저절로 생겨난다. 스티븐 스필버그처럼 "나는 매일 아침 오늘 할 일에 너무나 설레어서 아침식사조차 제대로 할 수 없을 정도다."라고 말하고 싶어져야 한다. 반드시 그래야 한다. 그런 것이 진정 우리에게 어울리는 미래니까.

그 영상은 나 자신을 미래로 이끌어갈 영적 에너지이며, 이상의 세계로 통하는 교량이다. 자신의 믿음, 가치관, 인품과 자아의식, 정체성을 모두 통합하는 것으로서 현실이라는 씨실과 비전(또는 목적)이라는 날실로 직조된 아름다운 옷감이라고 할 수 있다.

지금, 눈을 감고 조용히 저 먼 미래로 날아가보자. 생각만 해도 당신의 입가에 미소를 번지게 하는 그런 모습은 무엇인가? 영혼의 심연에서 '이렇게 되고 싶다'고 생각하는 모습, '이렇게 되어야 한다'고 소리치는 모습, 세상에서 가장 소중하고 아름다운 일, 누구보다 잘할 수 있고, 오직 나만이 할 수 있는 일, '내 삶의 메인 프로젝트(main project)'를 수행하고 있는 미래를 떠올려보라. 그 이미지를 꽉 붙들어두고 마음 컴퓨터의 'Alt + S' 키를 눌러 저장하라. 영혼이 전율하는 감동을 경험할 것이다.

미래일기, 나에게 어울리는 미래를 우주에 홍보하라

당신에게 어울리는 미래는 어떤 것이라고, 그것을 이루기 위해 무엇을 어떻게 하겠노라고 자신을 향해, 그리고 우주를 향해 홍보하는 또 하나의 방법은 미래일기다. 미래일기는 현재 일기와 다르지 않다. 다만, '일어난 일'을 적는 것이 아니라 '앞으로 일어날 일'을 적는다는 차이뿐이다. 미래일기는 미래여행보다 당신의 미래에 대한 통찰을 한층 더 심오하고 예리하게 만들어준다. 미래일기를 작성할 때는 다음 네 가지 사항을 고려하면 좋다.

첫째, 시간과 장소가 구체적으로 나타나야 한다.
둘째, 소리와 냄새, 색깔과 감촉 등을 자세히 묘사해야 한다.
셋째, 자신의 직업, 구체적인 직위나 역할이 표현되어야 한다.
넷째, 새벽, 오전, 점심식사, 오후, 저녁식사, 밤 시간을 구분해서 활동내용을 최대한 상세하게 적는 것이 좋다.

즉 미래일기를 작성할 때는 미래의 특정한 어느 날을 정해, 그 하루의 일과를 새벽부터 밤에 잠들기까지 일기를 쓰듯 상세히 쓰는 것이다. 가령 5년 후의 미래일기를 쓴다면, 지금으로부터 5년 후인 ○○○○년 ○월 ○일 하루의 일정을 위에서 제시한 네 가지 사항에 근거해 아주 자세하게 기록하면 된다. 10년 후, 20년 후의 미래일기도 마찬가지다.

5년 후 그날, 나는 어디서 누구와 어떤 모습으로 살아가고 있을까? 미래의 내 모습을 볼 수 있도록 마음의 눈을 열어보라. 타임머신을 타고 미래로 간 것처럼, 미래에 내가 입고 있는 옷을 보고, 일하는 장소가 어딘지 확인해보고, 하는 일이 무엇인지 보라. 아주 즐겁게 그 일에 몰두하고 있는가? 좋아서 죽을 것 같은 얼굴로 일에만 푹 빠져 있는가? 나를 바라보는 다른 사람들이 시선은 어떠한가? 부러운 표정인가? 나를 즐겁게 해주는 그 일은 언제부터 시작했는가? 그리고 언제까지 계속될 것인가? '5년'이라는 시간은 생각보다 훨씬 가까운 미래일지도 모른다. '5년 후 오늘'의 일기를 지금 미리 써 보자. 여기에 소개하는 미래일기 샘플을 참고하면 훨씬 쉽게 이해가 될 것이다.

2017년 11월 1일

아침엔 출근하자마자 3명의 스태프들과 일정을 조정한 후, 멀리서 찾아온 고객과 만나 새로운 계약서에 사인을 한다. 내가 제시한 조건이 상당히 까다로운데도 선뜻 계약을 하겠다는 걸 보니 왠지 뿌듯하기도 하고 기쁘기도 하고, 더 막중한 책임감을 느낀다.

점심식사를 마친 후엔 방송국으로 향한다. 20분짜리 영상 칼럼을 녹화하는 스케줄이 잡혀 있기 때문이다. 시청자들의 반응이 너무 좋다는 PD의 말에, 아직도 카메라만 돌아가면 떨린다고 엄살을 부리지만, 속으로는 기분이 무척 좋다.
녹화를 마치고 상공회의소에 가서 강연을 한다. 적어도 1,000명은 넘을 것 같은 청중들이 너무나 진지한 표정으로 내 강의에 집중하는데, 내가 다 감격스러울 정도다.
집에 돌아와 따뜻한 욕조에 들어가 반신욕을 하면서 채근담 테이프도 듣고, 조용히 하루를 되돌아보며 내일의 계획을 설계한다. 바쁘게 달렸지만 생각할수록 멋진 일이 많은 괜찮은 하루다.

그렇다면 10년 후엔 어떤 모습으로 살고 있을까? 누구나 '10년 후에 난 이런 모습이었으면 좋겠어.' 하는 이상적인 미래상이 있다. 구체적인 그림을 그리고 있는 사람도 있고, 그저 막연하게 느낌만 가지고 있는 사람도 있겠지만, 어쨌든 당장 내일 죽을 거라고 생각하지 않는 한 대부분은 마음 한구석에 '10년 후 어느 날'이 자리 잡고 있다. 5년 후의 미래일기와 마찬가지로 10년 후 내 모습을 미래일기에 그려보자. 눈을 감고 마음의 눈으로, 마음속에 창조해놓은 그림을 활짝 펼쳐보라. 희미했던 영상이 선명하고 또렷하게, 마치 손에 잡힐 듯 떠오를 것이다.

또 20년 후에는 어떨까? 솔직히 20년 후의 모습을 미리 상상해보는 것은 쉬운 일이 아니다. 그러나 불가능한 것도 아니다. 마음의 눈, 믿음의 눈으로 본다면 크게 어렵지 않은 일이다. 가능성에 대해 의심하거나 근거 없는 한계를 설정하지 말고 마음껏 상상해보자. 분명 이 책을 읽고 있는 독자라면 20년 후에는 항상 살고 싶어했던 바로 그 도시에서 사랑하는 사람들과 함께 멋진 일을 하면서 지낼 것이다. 재즈 음악이 흐르고 커피향이 가득한 근사한 작업실에서 뜻이 통하는 친구들과 함께, 원하는 일을 열정적으로 하고 있을 자신을 생각해보자.

활기가 넘치는 삶, 많은 이들에게서 '감사하다'는 말을 들으며 풍성한 삶을 누리고 있는 모습을 미래일기에 담아보라. 베스트셀러 작가, 존경받는 CEO, 영향력 있는 홍보전문가, 전 세계에서 가장 몸값 비싼 컨설턴트, 최고의 아티스트가 되어 있는 모습은 어떤가. 짜릿한 전율과 함께 마음속 깊은 곳에서부터 솟아오르는 벅찬 감동이 느껴지지 않는가.

자, 그럼 당신이 떠올린 미래의 모습, 당신이 원하는 미래를 확실히 당신의 것으로 끌어당기는 지극히 간단하면서도 효과만점인 방법을 하나 소개하겠다.

하루에 열다섯 번씩 '꿈의 호텔'에 체크인하라

어느 공장의 말단직원으로 근무하던 스콧 애덤스(Scott Adams)는 작은 칸막이로 나뉘어진 사무실 책상에 앉아서 낙서를 하곤 했다. 그는 그곳에서 "나는 신문협회에 단체로 배급되는 만화를 그리는, 유명한 시사만화 작가가 될 것이다."라는 글귀를 하루에 열다섯 번씩 썼다. 그것이 바로 그의 삶의 메인 프로젝트였다.

비록 당시 그의 만화는 신문사들로부터 수도 없이 거절당하는 상태였지만, 그는 포기하지 않았다. 시련을 참고 견딘 그는 결국 스스로 하루에 열다섯 번씩 썼던 글귀를 현실로 만들고야 말았다. 그러나 그는 거기에서 멈추지 않았다. 자신의 만화 '딜버트(Dilbert)'에 대한 신디케이트 계약(각종 신문, 잡지에 작품을 단체로 배급하는 계약)에 서명을 한 후부터 그는 예전에 쓰던 글귀를 "세계 최고의 만화가가 되겠다"로 바꾸었다. 그리고 그것 역시 하루에 열다섯 번씩 썼다. 무려 30년 동안 말이다.

지금 만화 딜버트는 전 세계 2,000개 이상의 신문에 실리고 있으며 딜버트 홈페이지에는 하루 10만 명 이상이 접속하고 있다. 이제 세계 어디서나 딜버트 캐릭터로 장식되어 있는 커피 잔, 컴퓨터 마우스 패드 그리고 탁상용 다이어리와 캘린더들을 볼 수 있다.

스콧 애덤스처럼 자신에게 어울리는 미래를 한 줄로 요약하여 반복적으로 쓰는 일은, 강렬한 소망을 행동으로 표현하는 한 가지 방법이다. 이러한 자기강화 행동은 일종의 자기 자극이라서 상상력을 깨우고, 이성을 부추겨 꿈을 이루게 한다. 터무니없는 일이라고 비웃기만 했던 '이성'이 호기심을 가지고 '상상력'의 말에 귀를 기울이다 보면, 이성이 달콤한 꿈에 깜빡 넘어가서 실제로 상상을 이루는 것이다. 이것은 자기 내부에 창조된 미래를 먼저 행동으로 옮기는 효과적인 방법이기도 하다.

내가 바라는 미래, 나에게 어울리는 미래를 반복해서 쓰고 외우며 그렇게 될 거라고 스스로를 세뇌시키다 보면, 비전은 항상 생생함과 일관성을 유지할 수 있다. 더 큰 열정을 자극함으로써 필요한 상상력과 에너지를 자가발전하게 만들어준다. 매일 새롭게 다짐하니 변질되거나 색깔이 바래지도 않는다. 결국 10분도 채 안 걸리는 열다섯 번 쓰기가 상상력과 결단력, 그리고 집중력의 배터리를 충전하는 가장 탁월한 방법이 되는 것이다.

《행복한 경영》이라는 베스트셀러의 저자이자 세인의 주목을 받고 있는 온라인 교육업체 휴넷을 운영하는 조영탁 사장은 이 방법으로 상상력과 창의력을 충전시키고 있는 대표적인 인물이다. 그는 스콧 애덤스의 이야기를 읽고 "나는 휴넷을 매출 10조 원 규모로 육성하겠다."라는 문장을 하루에 열다섯 번씩 써왔다고 한다. 쓰기 시작한 지 7개월 정도 되었을 때 그는 나에게 이렇게 얘기했다.

"처음엔 좀 귀찮아서 그만둘까 생각하기도 했지만, 그래도 나름대로 노력해서 열심히 썼습니다. 그런데 신기하게도 석 달 정도가 지나면서부터는 쓰지 않고는 도저히 배길 수가 없더군요."

더욱 놀라운 것은 그가 정한 '매출 10조 원 달성'이라는 목표를 위해 특별 부서를 가동하거나 사람들을 모아놓고 브레인스토밍을 한 적도 없는데, 5~6개월이 지나고부터는 아주 구체적인 방법이 보이기 시작했다는 것이다. 그리고 7개월째에는 아예 확신이 생겼다고 했다. 그 후 5개월이 지났을 때 다시 그를 만날 기회가 있었다. 나는 "요즈음도 하루에 열다섯 번씩 쓰고 계십니까?" 하고 물었다. 그는 빙그레 웃으며 이렇게 말했다.

"요즈음은 아예 400여 명과 '쓰기동맹'을 결성하여 함께 쓰고 있습니다."

나는 그 후 조 사장의 이야기를 전주의 리더스클럽이라는 독서모임에 소개했다. 그리고 얼마 후 그 모임의 대표자인 유길문 씨로부터 전주에도 쓰기동맹이 조직되었다는 소식을 전해 들었다.

필자가 대표로 있는 강교수비전스쿨에서는 2박3일, 혹은 3박4일짜리 비전캠프를 진행할 때, 다른 교육을 시작하기에 앞서 반드시 '자기 되돌아보기(Self-Reflection)'의 시간을 가진다. 바로 스콧 애덤스와 조영탁 사장처럼 한 줄로 요약된 꿈을 열다섯 번씩 반복해서 쓰는 시간이다. 참석자들은 아무 말도 하지 않고 오직 쓰기에만 열중한다. 그러고 난 후 나는 그들에게 뭐라고 썼는지, 그리고 쓰는 동안에 어떤 느낌이 들었는지 물어본다. 그들의 대답은 다양하지만 한결같이 감동적이었다.

"꼭 그렇게 된다고, 그렇게 해내야 한다고 제 자신에게 말했습니다."

"통신위성을 띄워놓고 지구촌 전역에 있는 수백만의 사람들과 동시에 커뮤니케이션 하고 있는 장면이 보였어요. 이거 아주 재미있군요."

"중요한 파티에서 멋진 연설을 하고 있는 저의 모습을 보았죠."

"저 자신에게 많은 지시사항을 전달했습니다."

"내가 만들 '꿈둥지'에서 여럿이 어울려 깔깔대는 소리가 들리는 것 같았습니다. 그래서 저의 근육과 혈액과 세포들에게 모든 에너지를 그쪽 방향으로 돌리라고 말했습니다."

열다섯 번씩 쓴다는 것은 자신에게 열다섯 번의 질문을 던지는 것이다. 말을 거는 것이다. 그렇게 질문을 던지다 보면 얼마만큼의 자본이 필요한지, 몇 명의 사람이 필요한지, 일하는 장소가 어딘지, 어떤 자격과 능력들을 갖추어야 할지, 어떤 지위에 도달해야 되는지, 대부분의 시간을 어디서 누구와 함께 보내게 될지, 먼 훗날 사람들이 나를 어떤 사람으로 기억하게 될지도 다 알게 된다. 즉, 나에게 어울리는 미래는 어떤 모습인지가 선명하고 생생하게 묘사된다.

환경도, 경험도 마음속 그림에 복종한다

'미래일기' 쓰기나 '한 줄의 꿈을 열다섯 번씩 쓰는' 행위가 당신에겐 아직도 그저 재미있는 '환상여행'쯤으로 느껴질지도 모르겠다. '뭐 꿈꾸는 건 자유니까. 효과야 모르겠지만⋯.' 하는 심정 말이다. 정말 그럴까?

격은 좀 떨어지지만 '뭐 눈엔 뭐만 보인다.'라는 말이 있다. 이렇게 미래일기를 쓰고, '한 줄의 꿈'을 열다섯 번씩 쓰고, 자신의 마음속에 미래에 대한 확고한 청사진을 간직하고 있으면, 놀랍게도 우리 인생에 일어나는 많은 일들이 운명처럼 그쪽으로 흘러가게 된다.

예를 들어, 미래일기의 한 장면이 가출 청소년들과 함께 어울리며 그들을 보살피는 모습이라고 생각해보자. 그 뒤로는 희한하게도 내 눈에는 그런 것들만 보이고 자꾸 그런 기회들이 나에게 찾아오는 것처럼 느껴진다. 신문을 봐도 가출 청소년과 관련된 기사만 보이고, 인터넷을 뒤지다가도 사회복지학과에 대한 정보만 유독 눈에 들어오며, 우연히 TV 채널을 돌렸는데 때마침 청소년 문제 다큐멘터리가 방영되고 있다. 서점에 가도 관련 서적들만 도드라져 보이고 길을 지나다가도 그런 아이들만 눈에 띈다. 운명처럼, 우연처럼 그것이 나를 끌어당기는 것만 같다. 하지만 천만에! 운명이 아니라 나의 목표와 의지가 그런 환경과 경험 쪽으로 자꾸만 나를 끌고 가는 것이다. 즉 당신의 비전대로, 당신의 미래일기대로, 당신의 인생이, 당신의 일상이, 당신의 경험이 흘러가는 것이다. 그러다 보면 어떻게 될까? 결국 마음속의 그림대로 미래의 당신은 '그곳'에 '그렇게' 있게 되는 것이다.

영혼을 깨우는 신비한 북소리, 비전의 축복을 누려라

비전은 믿음에서 태어나고, 소망으로 자라며, 상상력에 의해 꽃피고, 열정에 의해 열매 맺는다. 그것은 관찰(sight)보다 원대하며, 꿈(dream)보다 선명하고, 사상(idea)보다 광범위한 것이다. 미래를 열어가는 '창조적 소수', 세계를 이끄는 3%의 리더들은 마음의 눈으로 바라본 빛과 내면의 귀에 들려오는 북소리를 땔감으로 비전이라는 불을 지폈다.

  비전은 나뿐만 아니라 다른 사람들의 마음까지도 사로잡는다. 자신은 물론 주위 사람들로 하여금 주의를 집중하게 하여 사물을 통일된 시각으로 바라보게 하는 힘, 즉 리더십의 원천이다. 비전은 확대경과 같이 시대의 초점을 만들어낸다. 현재의 우리를 미래로 건너갈 수 있게 하는 교량이며, 우리에게 어서 오라고 손짓을 보내는 과녁이다.

누구나 한번 그 불가사의한 빛을 발견하기만 하면, 그리고 그 마법의 북소리를 듣기만 하면, 운명이 바뀐다. 그 신비한 빛과 영혼을 깨우는 북소리에 사로잡혀버리기 때문이다. 그저 평범하기만 했던 사람이, 난세의 영웅이 되고 탁월한 리더로 변신한다. 초인적인 힘을 발휘해 시대의 목마름을 시원하게 해소한다. 비전은 먹고살기 위해 사는 삶, 죽지 못해 사는 그런 삶을 멈추게 한다. 인생에 대해 끊임없이 질문을 던지게 만들고, 아무 생각 없이 인생을 낭비하지 않도록 해준다. 하기 좋고 즐거운, 그래서 자꾸만 더 하고 싶은, 그런 일만 해도 먹고사는 데 전혀 걱정 없는, 그런 삶을 살게 하는 축복의 에너지다.

되돌아보라,

들여다보라,

내다보라,

그리고 축복을 누려라.

작심

Determination

운명의 루비콘 강을 건너라

1994년 8월 초 해 뜰 무렵, 서해안 제부도의 해변.

간밤에 내린 비로 아직 물기가 채 가시지 않은 바위 위에 나는 망부석처럼 꼼짝도 않고 앉아 있었다. 여명(黎明)에 반짝이는 물살을 하염없이 바라보며 내 머릿속은 온통 평생을 바칠 숙명적인 키워드를 찾느라 여념이 없었다. 흩어지는 생각들을 모았다가 부수기를 수백 번…. 그러나 답은 쉽게 떠오르지 않았다. 어느 새 목젖까지 바짝 떠오른 해는 바닷물을 삽시간에 붉게 물들이고 있었다. 눈을 가느다랗게 뜨고 햇빛이 일렁이는 수평선을 망연자실 바라보다 고개를 돌리는데, 발밑으로 아주 작은 게 한 마리가 엉금엉금 기어가고 있었다.

'고놈 봐라! 게걸음이라더니…. 정말 어기적어기적 잘도 걷는구나. 어디로 가는지 목적지는 있는 게냐? 그래, 네 녀석도 삶의 비전 같은 게 있긴 있겠지?'

그때였다. 팍! 스파크를 일으키며 내 머리를 강타한 단어가 있었다. 비전! 바로 비전이었다. 지난 1년여 동안 책을 읽고 강연을 들을 때마다 내 가슴을 뛰게 했던 말도, 혼자만의 시간에 적어두었던 글들도 다 비전에 관련된 것들이었다. 어쩌면 내 자신의 비전이 다급했던 탓이기도 했으리라. '그래, 나처럼 꿈을 찾고 싶은 사람들을 위해 비전을 전파하는 전도사가 되는 거다. 그러려면 센터를 세워야 하나? 그것을 한마디로 딱 요약해보자. 그게 뭐지? 비전센터? 비전학교? 비전스쿨?'

'아하, 비전스쿨! 그게 좋겠다. 비전스쿨이야, 비전스쿨!'

'그런데 그게 정말 가치가 있을까?'

'가치가 없기는 왜 없어? 너같이 비전 없는 사람들 비전 찾아주는 일인데. 저쪽 텐트에서 자고 있는 자네 아들 봉국이, 그 애 친구 찬기, 집에 있는 딸 혜련이, 찬기 동생 은하…. 그 애들 다 뚜렷한 꿈이 없는 게 문제잖아? 뭐 애들만 문젠가? 예전의 자네처럼 오로지 퇴근 후 한 잔 하는 재미로만 살아가는 저 수많은 사람들…. 그 사람들에게 꿈, 그것도 보통 꿈 말고 가슴 벅찬 큰 꿈을 심어주는 거야. 슈퍼드림! 지금 이 시대에 제일 필요한 건 바로 그거야. 그래, 비전스쿨…. 그걸 해야겠어!'

혼자서 신나게 자문자답에 빠져 있는데 찬기 아빠가 헛기침을 하며 내 옆에 걸터앉았다.

"날씨 조~타! 근데, 형님! 비 맞은 중처럼 뭘 그렇게 혼자서 중얼거리시는 거유!"

"어, 안 선생! 마침 잘 왔어. 나 지금부터 비전스쿨 시작할 거야. 같이 좀 해보자. 도와줘!"

"네? 비전스쿨이라뇨? 그게 뭔데요?"

"그러니까… 그게 말이야. 요즘 애들이나 어른이나 꿈이 없어서 문제잖아…. 그 사람들에게 꿈을 찾아주는 학교라고나 할까? 그래서 우리가 여기 수원에…."

"흠…, 그럴듯하긴 한데. 에이, 자세한 얘기는 나중에 하구요. 어쨌든 형이 하신다는데 저야 무조건 오케이죠."

그날 오후 집으로 돌아오는 차 안에서 쿵쾅거리는 가슴을 억누르며 비전스쿨이라는 단어를 수없이 되뇌었다. 밤을 하얗게 새며 '수원비전스쿨 설립방안'이라는 20쪽짜리 문서를 작성했다. 그리고 '비전스쿨'이라는 단어에 너무 도취되고 흥분되어서 손발과 허리가 부르르 떨리며 자판을 두드리기도 어려웠다. 글자 하나를 세 번 네 번씩 틀려가며 어떻게 그 많은 페이지들을 쳐댔는지, 지금 생각해도 신기하기만 하다. 다음 날부터는 아예 깔끔한 옷을 골라 입고 매일같이 사람들을 만나러 다녔다. 학교든, 학부모 단체든, 교회든 학생들이 있는 곳이라면 어디든 가리지 않고 무조건 찾아가서 내 아이디어를 설명했다. 아내, 아이들, 그리고 형제들에게도 비전스쿨의 발족을 선언했다.

명함에다가는 비전스쿨 대표라는 문구도 떡 하니 새겨넣었다. 새벽엔 교회에 나가 기도도 했다. 만나는 모든 사람에게 오직 그 얘기만 했다. 혼자 산에 올라가 이마를 땅에 대고 속삭였다. 하늘을 향해 소리쳤다. "More than 100 Vision Schools!" 이라고. 길게 늘어선 소나무들을 하나하나 짚으며 "넌 LA 책임자, 넌 베이징 책임자, 넌 런던, 넌 부산, 대구, 광주, 제주, 춘천…." 이렇게 말했다.

이런저런 꼴을 지켜보던 한 친구가 내 어깨를 툭 쳤다.

"뭐 잘못 먹었나?"

루크 : 저 우주선은 도저히 못 꺼낼 것 같아요.

요다 : 포스를 이용하게.

루크 : 오, 안 돼요. 포스로는 절대 꺼낼 수 없을 거예요.

요다 : 불가능하다고 생각하면 가능한 일도 절대 이루어지지 않아.

루크 : 하지만 요다, 우주선을 움직이게 하는 건 단 한 가지예요. 이건 완전히 다르다고요.

요다 : 아니야! 다르지 않아! 다른 건 네 마음뿐이지. 넌 꼭 배워야만 하는 걸 아직 배우지 못한 게로구나.

루크 : 알았어요. 한번 '시도' 해볼게요.

요다 : '시도'라니! 하거나 말거나 둘 중 하나지, '시도'라는 건 있을 수 없어!

　　　　　- 영화 '스타워즈 5 : 제국의 역습' 중에서

마침내, 당신에게 새로운 내일이 시작되어야 한다는 열망이 생겼다면, 그래서 과거를 되돌아보고 현재를 들여다보고 또 미래를 내다보며 숙명적인 하나의 키워드를 찾아냈다면, 그리고 당신에게 어울리는 미래가 어떤 모습인지 결정했다면, 이제는 작심하라. 그런 미래를 창조하겠노라고. 그 작심을 당신 자신과 타인들과 바람과 구름과 온 우주가 알게 하라. 그래서 그들이 당신을 분발시키고 감독하게 하라.

소리쳐라,
출사표를 던져라

당신의 꿈을 종이에, 뼈와 근육과 혈액에,
그리고 다른 사람들의 귀에 똑똑히 기록해두라.

호박벌을 아는가? 녀석은 세상에서 가장 부지런한 놈이다. 꿀을 따 모으기 위해 아침부터 저녁까지 잠시도 쉬지 않고 1주일에 1,600킬로미터를 날아다닌다. 고작 2.5센티미터밖에 안 되는 체구에 비하면 천문학적 거리를 날아다니는 셈이다. 하지만 호박벌은 사실상 날 수 없는 구조를 가지고 태어났다. 몸은 너무 크고 뚱뚱한데 비해 날개는 형편없이 작고 가벼워서 공기역학적으로, 날기는커녕 떠 있는 것 자체가 불가능할 정도다.

그런데 녀석은 어떻게 그 엄청난 거리를 날아다닐 수 있을까? 불가능을 가능으로 바꿔놓은 비결은 무엇일까? 그것은 바로 녀석이, 자신이 날 수 없게 창조되었다는 사실을 모른다는 것이다. 녀석은 자신이 날 수 있는지 없는지 따위에는 전혀 관심이 없다. 오로지 꿀을 따 모으겠다는 목적만이 있을 뿐이다. 그러기 위해서는 날아야 했고, 그래서 날기로 '작정'했을 뿐이다. 호박벌! 이 작지만 야무진 녀석이 온몸을 다해 증명하는 것은 바로 다음의 명제다.

"작심한 자에게 불가능이란 없다."

BC 49년 갈리아의 총독 줄리어스 시저는 "이미 주사위는 던져졌다."라고 선언하며 군대를 이끌고 루비콘 강을 건넜다. 그리고 로마 총독 폼페이우스와의 한판승부를 끝낸 뒤 "왔노라, 보았노라, 그리고 이겼노라."하고 포효했다.

루비콘 강은 이탈리아 북부를 동서로 가로지르는 강이다. 당시의 로마법에 따르면 무장을 해제하지 않고 이 강을 건너 로마로 향한다는 것은 로마에 대한 선전포고나 다름없다. 즉 '루비콘 강을 건넌다'는 말은 결코 돌이킬 수 없는, 중대한 결단을 내리고 결연히 행동에 나선다는 뜻이다. 시저는 로마를 손에 넣기로 작심한 것이다. 절대로 후퇴하거나 되돌아가지 않겠다는 불사항전의 각오, 처자식을 제 손으로 베고 전쟁에 나간 계백처럼 배수의 진을 치고 결심을 지켜내겠다는 약속이다.

    통찰을 끝낸 당신, 이제 루비콘 강을 건너야 할 때다. 인생의 출사표를 던져라. 당신에겐 이미 분명한 목적과 그 목적을 달성하기 위한 삶의 메인 프로젝트가 생겼다. 당신의 인생을 걸 '숙명적인 하나의 키워드'를 찾았는가? 시저처럼, 호박벌처럼 한 치의 망설임도 없이, 한 치의 의심도 없이 앞으로 달려나가라. 날아올라라!

    당신에겐 내일이 시작되게 할 프로젝트, 그것이 언제 시작되어 어디서 펼쳐지고 언제 완료될 것인지에 대한 선명한 그림이 있다. 이제 그 그림을 꺼내라. 종이에 그려라. 낙관을 찍어라. 그리고 세상에 내놓아라. 당신이 어디로 가고 있는지, 어디로 가야 하는지를 모두가 알게 하라. 만방에 알리고 큰소리로 외쳐라. 그게 바로 '작심'이다.

    작심은 뇌에게도 '작전개시!'를 명령한다. 당신이 어떤 일을 하려고 작심을 하면 뇌의 전두엽 피질이 활성화된다. 전두엽 피질은 생각을 행동으로 옮기는 기능을 담당한다. 즉 당신의 비전을 행동으로 표출시키는 것이다.

비전을 종이 위에 쓰고 그림으로 그리고 큰소리로 선언하는 순간, 머릿속의 감정과 사고도 비전에 걸맞게 변신한다. 실제로 비전을 알리고 선언하는 활동들은 '몸'이라는 하드디스크에 '비전'이라는 프로그램을 설치하는 것과도 같다. 감정과 태도, 행동까지도 거기에 맞춰지는 것이다.

주사위는 던져졌다. 당신에겐 언제 어디서든 당신이 어디로 가고 있는지, 어디로 가야 하는지를 잊지 않도록 해주는 로드맵이 필요하다. 언제 어디서나 비전을 잊지 않게 해주는 기억촉진제가 필요하다. 그것을 문신처럼 몸에 새기자.

지금부터 이야기할 '작심'은 비전을 선언하고 알리는 일이다. 내가 바라는 내일, 나에게 어울리는 미래가 시작되기를 진정으로 원하는가? 작심하라. 출사표를 던져라. 그리고 전두엽 피질을 활성화시켜라.

쓰면 이루어진다

지금은 문을 닫았지만 한때 뉴욕에서 꽤 유명한 사람들의 사교장소였던 컨셉 레스토랑 플래닛 할리우드(Planet Hollywood)에는 인기스타 브루스 리(Bruce Lee)가 직접 손으로 쓴 편지 한

장이 전시되어 있었다. 그 편지의 겉봉에는 수취인 이외에는 아무도 열어보지 말라는 뜻의 '인비' 도장이 찍혀 있었고, 우체국에 접수된 소인의 날짜는 1970년 1월 9일이라고 되어 있었다. 그 편지에는 이렇게 적혀 있었다.

"당신은 늦어도 1980년에는 미국에서 가장 유명한 아시아 스타가 될 것이며 1,000만 달러를 거머쥐게 될 것이다. 그리고 그것을 얻는 대가로 카메라 앞에 서는 순간마다 당신이 보여줄 수 있는 모든 것을 보여줄 것이며 그렇게 함으로써 평화와 조화 속에서 살게 될 것이다."

그 편지의 수취인은 바로 우리에겐 이소룡으로 더 잘 알려진 브루스 리 자신이었다. 그는 자신에게 어울리는 미래가 어떤 것인지를 알고 있는 사람이었다. 또 그것을 그려내는 방법의 핵심을 보여준 사람이기도 하다.

1979년 하버드 경영대학원 졸업생들을 상대로 설문조사가 있었다. 질문은, "장래에 대한 명확한 목표를 설정했는가? 그렇다면 그 목표를 기록해두었는가? 그 목표를 달성하기 위한 구체적인 행동계획이 있는가?"였다.

그 결과 특별한 목표가 없다고 답한 사람이 84%, 목표는 있지만 그것을 종이에 적어두지는 않았다는 사람이 13%, 목표를 구체적으로 설정하고 기록해두었다는 사람이 3%였다.

그로부터 10년 후인 1989년, 연구자들은 그 졸업생들을 추적해 어떻게 살고 있는지 확인해보았다. 결과는 자못 흥미롭다. 기록하지는 않았지만 목표가 있다고 대답한 13%가, 목표가 없다고 대답했던 84%보다 평균적으로 2배 이상의 소득을 올리고 있었다. 놀라운 일이긴 하지만 그럴 법도 했다. 연구자들의 입이 떡 벌어진 것은 그 다음 일이다. 과연 목표를 구체적으로 종이에 기록해두었던 3%의 사람들은 어떻게 되었을까? 그들은 앞의 두 그룹, 즉 목표가 없었던 84%와 목표는 있지만 기록해두지는 않았던 13%에 비해 명예, 명성, 업적, 영향력, 소득, 자산 등 모든 분야에서 평균 10배 이상의 수준에 도달해 있었다. 그들 사이의 유일한 차이점이라면 졸업할 때 얼마나 명료한 목표를 세웠는가 하는 점뿐이었다.

1953년 예일대학교에서도 비슷한 이야기가 전해지고 있다. 조사 결과, 67%의 학생들은 아무런 목표도 설정한 적이 없다고 대답했다. 30%의 학생들은 목표가 있기는 하지만 그것을 글로 적어두지는 않았다고 대답했다. 오직 3%의 학생들만이 자신의 목표를 글로 적어두었다고 대답했다. 20년 후에 확인한 결과, 학생시절 자신의 목표를 글로 썼던 3%의 졸업생이 축적해놓은 재산의 합은, 나머지 97%의 졸업생 전부가 축적한 합보다 훨씬 더 많았다고 한다. 이와 비슷한 연구 결과와 사례들은 무궁무진하다.

어떤가, 놀랍지 않은가? 만약 당신이 '글로 쓴 구체적인 비전' 없이 살아온 97%에 속한다면 더더욱 마음이 다급해질지도 모르겠다.

나는 원래 '쓰는 것'을 별로 좋아하지 않았다. 학교 다닐 때조차도 수업시간에 필기를 하지 않았다. 나의 논리는, 무언가를 받아적고 있을 시간에 잘 듣고 생각을 더 해보는 편이 낫다는 것이었다. 그러니 목표나 계획도 마음속에 그냥 강렬하게 간직하면 됐지, 꼭 요란하게 써서 붙여놔야 하는 건가 하는 게 바로 내 생각이었다. 그러나 위에 인용한 자료들을 접하고 나서 '쓰는 것'에 대한 내 생각은 완전히 바뀌었다. 여전히 귀찮기는 했지만 뭐든 조목조목 적어보기로 했다. 처음으로 목표를 종이 위에 적은 날은 1994년 8월 22일이었다.

'나는 비전스쿨을 세울 것이며 앞으로 내 수입은 학교에서 받는 봉급을 제외하고도 500만 원+α(플러스알파)가 될 것이다.'

고작 이 한 문장이었다. 처음으로 적어본 목표에 돈 얘기가 들어간 것은 당시 어려운 주머니 사정 때문이었을 것이다. 매월 수입의 절반가량씩 적자가 나고 있었기 때문이다.

어쨌든 아무런 아이디어나 계획도 없이, 교육 프로그램에서 배운 대로 무턱대고 그냥 적었다. '아이디어는 짜내면 되고 계획은 세우면 된다'는 식이었다.

같은 해 10월 14일에는 '비전과 리더십 분야를 집대성하는 세계적인 책을 쓸 것이다.'라고 적었다. 또 10월 19일에는 '2000년 나의 53번째 생일에는, 오후에 비전스쿨에 나가 특강을 하고 저녁엔 비전스쿨 학생들과 자장면 파티를 열 것이다.'라고 적었다. 비전스쿨이라는 말을 생각해낸 지 두 달도 채 안 되었을 때다.

그런데 놀라운 일이 일어났다. 이런저런 우여곡절은 있었지만 아이디어를 짜내고 계획을 세운 결과 1995년 10월에 수원비전스쿨이 설립되었고, 3년 후인 1997년에는 서울에도 비전스쿨이 문을 열었다. 7년 후인 2001년부터는 학교에서 받는 봉급 말고도 수입이 500만 원 +α의 몇 배가 되었다. 지금은 우리나라는 물론 해외 여러 도시에서 약 40여 개의 비전스쿨이 맹렬하게 뻗어나가며 활동하고 있다. 게다가 내가 쓴 책은 100만 부가 넘는 베스트셀러가 되었고 해외 여러 곳에서도 번역되어 팔리고 있다. 기적처럼 쓴 대로, 아니 그 이상 이루어진 것이다.

이는 나 혼자만의 경험이 아니다. 비전스쿨을 하면서 자신의 비전과 목표를 글로 쓰기 시작한 후 인생이 완전히 바뀐 사람들을 숱하게 보아왔다.

국민요정 김연아는 초등학교 때 "나도 스케이트를 열심히 타서 국가(대표) 선수가 되어야 겠다"고 일기장에 적었다. 축구선수 박지성도 초등학교 때 일기장에 "축구를 더욱 더 잘 할 수 있도록 노력하여 중학교는 물론 고등학교, 대학교, 국가대표까지 갈 것이다."라고 구체적으로 적었다.

미국 44대 대통령 오바마는 1970년 어느 날 '나의 꿈'이라는 주제의 작문을 하면서 '나의 꿈은 미국 대통령'이라고 썼다. 캘리포니아 주지사인 아놀드 슈워제네거는 '첫째, 영화배우가 된다 둘째, 케네디 가의 현명한 여인과 결혼한다 셋째, 캘리포니아 주지사가 된다'는 비전을 메모지에 적어서 책상과 냉장고와 TV와 침대 위 천장에 붙여 놓았다.

당신도 당신이 원하는 대로 미래가 바뀌기를 바란다면 결심을 글로 써라. 일단 쓰는 것이 '작심'이다. 쓰지 않으면 흔들린다. 글로 소리쳐야 한다. 써야 풀린다. 단 몇 줄을 쓰는 동안에도 머릿속에는 무수히 많은 영상들이 스쳐 지나갈 것이다. 목표지점에 도달한 자랑스러운 내 모습, 목표달성의 결과로 얻게 될 사회적·경제적 혜택, 도중에 만나게 될 장애와 그 장애를 극복하기 위해 노력하는 모습, 그리고 결국엔 장애를 완전히 극복하고 목표를 성취하고야 마는 모습 등…. 수많은 모습이 지나간다. 그런 영상이 많으면 많을수록 결의와 의지가 더욱 굳건해진다. 목표를 향해 한 걸음 한 걸음 행동하고자 하는 의지, 당장 달려나가고픈 욕구가 치솟는다.

가슴 뛰는 삶의 매니페스토(Manifesto), '사명선언문'

사람들은 흔히 '생각'이 다 정리되고 나면 그것을 글로 옮기는 것이 '쓰기'라고 생각한다. 하지만 '생각하기'와 '글쓰기'의 선후관계는 사실 그 반대인 경우가 더 많다. 글을 쓰는 것은 단순히 생각을 표현하는 것이 아니다. '쓰는 것' 자체가 생각을 하는 한 가지 방식이기 때문이다.

쓰는 동안 사고는 점점 더 깊어지고 명료해지며, 안개 속을 헤매는 듯했던 모호한 개념들이 명쾌한 단어를 만나 단단한 현실의 지반에 안착한다. 누구나 경험할 수 있는 일이다. '말하기'도 마찬가지다. 글을 쓰거나 말을 하는 과정에서 생각은 점점 무르익고 보다 명쾌해지며 확고한 배짱이 다져진다.

이제 본격적으로, 당신에게 어울리는, 당신이 원하는 미래를 반드시 창조해내고야 말겠다는 굳은 결의를 다지기 위해 먼저 인생의 출사표 '사명선언문'부터 써보자.

'사명선언문'은 당신이 살아가는 존재 이유와 그것을 위해 당신이 가야 할 길을 명료하게 정리해놓은 공식 선언문이다. 즉 미래를 향해 진군하는 인생의 출사표다.

사명선언문은 또한 인생이라는 여행길의 든든한 가이드이다. 우리가 항로와 중간 기착지를 선택하고, 항해를 시작하고, 그것을 평가하고 수정하고, 다시 항해를 개시할 때 들여다보아야 할 변치 않는 나침반이며 길잡이다. 이것은 당신이 원하는 것이 무엇인지, 그 꿈을 이루기 위해서 어디로 가야 하는지, 미래에 어떤 사람이 될 것인지와 관련된 삶의 프로그램들을 구체적으로 조정하는 맥락(context)이며 코치다. 그러므로 명료한 사명선언문의 작성은 비전 있는 삶으로 나아가는 첫 번째 관문이다.

흔히 사명이라고 하면 얼핏 역사적 사명이나 종교적 신념에서 우러나는 거룩한 사명, 거창한 시대적 소명의식을 먼저 떠올리는 사람이 많다. 그런 내용을 적어야 제대로 된 '사명'이라는 선입견을 버려라. 보통사람이라면 누구나 자기 나름의 어떤 가치를 추구하겠다는 것, 자기가 도착해야 할 삶의 최종목표지점이 어디라는 것, 그리고 언제 어떻게 그곳에 도착하겠다는 결의를 간단히 적을 수 있다. 그런 몇 줄의 문장이 바로 사명선언문이다. "나의 사명은 한 여자(남자)와 두 아이에게 미소를 선물하는 것이다"도 좋고, "나의 사명은 탁월한 사업가, 멋진 배우자, 슬기로운 부모, 그리고 아름다운 시민으로서 오래 기억되는 것이다"도 좋다. "나의 사명은 돈이 없어서 치료를 받지 못하는 사람이 없는 세상을 만드는 것이다."라는 것도 가능하다. 그러니까 보통사람 누구라도 사명선언문을 만들 수 있다.

그러나 그 효과는 결코 '보통수준'이 아니다. 그런 보통사람이 바로 비전스쿨에서 나와 함께 일하고 있는 유형근이다. 그는 2007년 6월에 있었던 워크숍에 참가하여 인생 최초의 사명선언문을 작성하였다. "나의 사명은 만나는 모든 사람들이 비전으로 가슴 뛰는 삶을 살게 하는 것이다. 나는 이 사명을 감당하기 위하여 최고의 모티베이션 강사가 되어 2008년부터 매년 1,000명의 사람들에게 비전선포식을 열어주며, 2020년 '지리산 황토자연 비전마을'을 3만 평 부지에 설립, 매년 500명의 지도자를 육성할 것이다."라는 내용이었다.

그가 생애 첫 출사표를 작성한 지 불과 1년을 조금 넘긴 시점이다. 그 짧은 기간에 너무도 많은 변화가 일어났다. 맹렬하게 관련 서적을 탐독했고 열 차례 넘게 비전코치 워크숍에 참가했는가 하면 모범 강의안을 만들어 100번 이상 실연훈련을 쌓았다. 산에서 강가에서 자기 방에서 그는 틈만 나면 강의연습을 하곤 했다.

결국 사명선언문을 작성한 지 1년도 채 안 돼서 그는 광주의 아파트를 팔아 서울로 이사하고 비전스쿨의 조직개발 책임자가 되었다. 인생에 어마어마한 변화가 생긴 것이다. 그 이후로 그는 거의 매일 청소년, 직장인, 주부들을 상대로 비전특강을 하고 있다. 이젠 아예 사명선언문 작성을 지도하는 일이 그의 직업이 되었다. 이대로라면 2020년부터 매년 500명의 리더를 양성한다는 비전은 결코 불가능한 일이 아닐 것이다.

처음 사명선언문을 써보라고 하면 대개들 난감해한다. 그러나 우리는 이미 앞에서 '숙명적인 인생의 키워드'를 찾는 법을 배웠다. 그 키워드를 찾았다면 문제는 간단하다. 사명선언문은 그 키워드를 가지고 '어떤 가치'를 실현할 것이며, 그것을 달성하기 위해 단계적으로 '어떻게' 해나갈 것인가를 명료하게 적으면 된다.

가령 세계 최고의 의상디자이너가 되고 싶다면, 그것이 하나의 키워드다. 최고의 의상디자이너가 되고 싶은 것은 '비전'이다. 그러나 그것을 통해 사람들에게 아름다움과 행복을 선사하는 것은 삶을 이끌어가는 목적의식, 즉 사명이다. 또 최고의 의상디자이너가 되기 위해 자신이 밟아야 할 길이 있다면 그것이 단계별 목표이자 '행동계획'이다. 이를 반영해 가상의 사명선언문을 만들어보면 다음과 같다.

"나는 인류에게 아름다움과 행복을 선사하기 위해 세계 최고의 의상디자이너가 될 것이다. 이것을 위해 나는 국내 최고의 의상디자이너 문하에 들어가 5년간 경험과 훈련을 한 뒤에, 다시 프랑스 파리의 유명 의상디자인 스쿨에 유학하여 2년간 학습한 뒤, 독립브랜드 회사를 창업할 것이다. 2015년에는 국내 최고의 의상디자인상을 수상하고, 2020년에는 세계 최고 권위의 의상디자인상을 거머쥘 것이며, 후계자 100명을 배출해 대한민국을 명실공히 세계 최고의 의상디자인 왕국으로 만들 것이다."

사명선언문에는 이처럼 자신의 세계관과 인생관, 가치관, 과거와 현재와 미래에 대한 통찰 등 삶의 모든 영역이 포함된다. 또한 세상에 알리고픈 나만의 미래, '나에게 어울리는 미래'가 확실히 드러나야 한다. 그래서 사명선언문은 이 세상 어느 누구도 흉내 낼 수 없는 오직 나만의 독특한 창의력과 재능을 반영하는 내용이어야 한다. 힘들고 어려운 상황, 고통스러운 일에 직면했을 때 절망에서 벗어날 수 있는 의욕과 동기를 제공해주는 에너지원이자 뒤돌아 도망치거나 넘어지지 않게 붙들어주는 가장 효과적인 안전장치가 바로 '사명선언문'이기 때문이다.

쓰면 100점이고 안 쓰면 빵점이다

잘 다듬어진 사명선언문은 중요한 선택을 해야 하는 순간이나 고비를 만나 잠시 주춤할 때마다 기운을 불어넣어주고 자신감을 준다. 또한 목표를 하나씩 이루어가는 과정을 세상에서 가장 신나는 놀이로 만들어준다. 끊임없이 마음을 뜨겁게 달구어주는 동시에, 다른 사람들에게도 생생한 기운을 불어넣어주고 격려하는 마음의 연료다.

'사명'은 일생 동안 우리 앞에 놓인 크고 작은 모든 선택과 결단에 영향을 미치며, 기준이자 지침이 된다. 그러니 한 줄 한 글자가 제각기 심장한 의미를 가질 수밖에 없고, 간결하고 명쾌하게 표현하되 결연하고 비장한 의지를 압축해서 담아야 한다. 또 구체적인 행동목표를 설정할 때 실질적으로 적용시킬 수 있어야 하며, 듣기만 해도 가슴이 두근거리고 포기하고 싶은 순간에도 의욕을 북돋아줄 수 있는 표현을 사용하는 것이 바람직하다. 다음과 같은 세 가지에 유의하면 좋은 사명선언문을 만들 수 있다.

첫째, 외우기 쉽도록 짧게 쓴다.
둘째, 열 살짜리 어린아이라도 이해할 수 있을 만큼 쉽고 정확하게 쓴다.
셋째, 가능한 한 세 문장을 넘지 않는다.

처음으로 작성해본 사명선언문이 생각만큼 근사하지 않더라도 너무 실망하거나 의기소침해질 필요는 없다. 사명선언문은 정답이 있는 수학문제도 아니고 모범답안이 있는 주관식 시험도 아니다. 필요하다면 얼마든지 고쳐 써도 된다. 멋있어 보여야 할 이유도 없다. 내 인생에 관해 이야기하는데 진심이 중요하지 남들에게 멋있게 보이는 게 무슨 소용인가? 남들이 뭐라 하든 당신의 가슴을 뛰게 하는 그런 단어와 표현을 써라. 흥분과 두근거림, 떨림이 아니라 부담감과 의무감이 먼저 든다면 사명선언문이고 뭐그 또 다른 스트레스 요인이 될 뿐 아무짝에도 쓸모없는 공허한 말장난에 불과하다.

중요한 것은, 아직 마음에 드는 완벽한 사명선언문이 아니라고 할지라도 그것을 반드시 공표해야 한다는 것이다. 책상 서랍 속에 꼭꼭 숨겨두고 혼자만 보려 해서는 절대로 안 된다. 가능하다면 당신의 가족이나 동료, 지인들 앞에서 장엄한 공식 선언식을 거행하면 좋겠지만 그렇게는 못하더라도 최소한 눈에 띄는 곳에 그것을 붙여놓아야 한다. 무엇보다 사명선언문은 우리의 삶을 보다 풍요롭게 만들어주고, 길을 잃었을 때 올바른 방향으로 안내해줄 것이다. 그러므로 가까이에 두고 계속 들여다보아야 한다. 삶의 매 순간 해야 할 일을 명확하게 알려줄 테니까 말이다.

항상 볼 수 있도록 전화기 옆에, 냉장고 문에, 책상 위에, 눈에 잘 뜨이는 도처에 그것들을 붙여놓아라. 컴퓨터 바탕화면에도 깔아놓고, 포스터로 만들어 벽에도 붙여놓아라. 사진 에세이를 만들어 전시도 하라.

사명선언문을 시나 노래로 만들어보는 것도 아주 좋은 방법이다. 듣는 사람들이 감동에 북받쳐 눈물을 쏟아낼 만큼

온 마음을 담아서 만들어보라. 다른 사람들이 수군대며 손가락질하더라도 최대한 많은 사람들에게 알려라. 나는 명함 뒷면에 사명선언문을 인쇄하여 사용한다. 나 자신을 향해 그리고 세상을 향해 "난 이런 삶을 살련다." 하고 소리치는 나름의 방법이다.

가슴속에 품고 있는 원대한 꿈, 진정으로 원하는 그 꿈이 우리를 기다리고 있다. 무엇을 망설이는가? 출사표를 던져라. 명칭이나 형태는 아무래도 좋다. 나의 선언, 내 삶의 목적, 나의 사명, 나의 비전, 뭐라고 부르든 상관없다. 길어도 좋고 짧아도 좋다. 표현이 거칠어도, 단어가 유치해도 괜찮다. 문법이 틀려도 된다. 초점은 '글로 쓴다'는 것이다. 쓰면 100점이고 안 쓰면 빵점이라는 사실을 잊지 말자.

필자의 이름을 브랜드로 내건 '강교수비전스쿨'에는 조금 특별한 장식 벽이 있다. 출입문을 열고 들어서자마자 전면에 폭 2미터, 높이 2.5미터의 장식 벽이 보인다. 그 벽 한가운데는 회사의 사명선언문이 적힌 큼직한 액자가 걸려 있다. 그 액자를 중심으로 약 12개 정도의 작은 액자들이 걸려 있는데 거기엔 함께 일하는 사람들의 사진과 함께 개인 사명선언문이 적혀 있다.

> **OUR MISSION, OUR VISION**
> 우리의 사명은 숨 쉬는 모든 사람들이 비전, 그 신비로운 묵시의 빛을 발견하고, 그 줄기찬 전진의 북소리를 듣게 하는 것이다. 우리는 이 사명을 완수하기 위해
> - 2012년 : 지구촌 곳곳에 100개의 비전센터를 설립한다.
> - 2016년 : '비전'이 학교의 정규과목이 되게 한다.
> - 2019년 : 1만 명의 코치들과 비전공동체를 이룬다.

이곳은 회사가 어디로 가는지를 만인에게 알리고, 회사가 가고자 하는 그 목표지점에 도달시키기 위해 각 구성원들이 어디로 어떻게 가고 있는지를 큰소리로 말해주는 일종의 성소(聖所)다.

우리는 아침마다 업무를 시작하기에 앞서 장식 벽 앞에 모여서 한 사람씩 차례로 자신의 개인 사명선언문을 낭독한다. 이어서 회사의 사명선언문을 다 같이 한목소리로 외친다. 우리의 꿈을, 우리의 결의를 땅과 바람과 하늘에 알려서 그들의 후원과 격려를 얻기 위함이다.

혼자 하는 것보다 여럿이 함께 하면 그 힘이 10배, 100배로 커진다. 혹여 주저앉고 싶어도 열심히 정진하는 동료나

친구를 보면 '내가 이래선 안 되지!'라는 생각이 절로 든다. 가족이 되었든, 일터가 되었든, 친구들이 되었든 함께 할 비전공동체를 조직하라.

그리고 당신이 생활하는 곳곳에 '비전의 성소'를 만들어라. 서재, 침실 또는 거실에도 비전의 성소를 만들어 작심을 우주에 알려라. 그러면 우주가 당신의 외침을 듣고 열렬히 화답해줄 것이다. 매일 침대에 몸을 눕히듯, 매일 매 순간 꿈에 체크인하라.

몸으로 비전을 선포하라

나의 하루 일과 중 가장 중요한 프로그램은 '3-100-50'이다. 비전을 몸에 심기 위한 일종의 암호인 셈이다. 3, 100, 50, 이 숫자들 하나하나가 나에게는 중요한 의미를 가지고 있다.
첫 번째 숫자 '3'은 '하루에 3킬로미터를 조깅한다'는 목표다. 왜 2킬로미터도 아니고 4킬로미터도 아니고 하필 3킬로미터일까? 거기에도 나름대로 이유가 있다. 나에겐, 앞으로 중국, 중앙아시아, 아랍이라는 3개의 문화권에 대해 계속 공부를 하여 그 지역 사람들에게 책과 강연, 인터넷을 통해 비전의 힘과 역동성에 관한 메시지를 전하겠다는 비전이 있기 때문이다. 처음 1킬로미터를 뛰는 동안에는 중국에 대한 공상을 한다. 2킬로미터째에는 중앙아시아에 대해 생각한다. 그리고 마지막 3킬로미터째에는 아랍 지역을 누비고 다니는 미래의 내 모습을 마음의 눈으로 바라본다.

두 번째 숫자 '100'은 '하루에 100회 이상 윗몸일으키기 또는 팔굽혀펴기를 한다'는 목표를 나타낸다. 나는 위에서 말한 3개 문화권에 있는 100개의 대표적인 도시들을 여행하겠다는 비전을 가졌다. 그래서 윗몸일으키기(혹은 팔굽혀펴기)를 한 번 할 때마다 도시 이름 하나를 중얼거리며, 훗날 그 도시를 여행할 때 그곳 사람들과 대화하고 그곳의 말과 풍습을 배우고 친구를 사귀고 있는 모습을 머릿속에 그린다.

마지막 숫자 '50'은 '하루에 50회씩 역기를 들어올리겠다'는 뜻이다. 왜냐하면 앞서 말한 중국, 중앙아시아, 아랍 사람들과 한국인들을 위해 50권의 책을 더 펴내야 하기 때문이다. 아직은 막연히 그냥 '50권의 책'이지만 빠른 시일 내에 그 책들의 리스트를 구체적으로 작성하여 역기를 1회 들어 올릴 때마다 책의 주제들을 중얼거릴 작정이다.

그렇게 나는 '3-100-50'이라는 응용프로그램을 몸이라는 하드디스크에 설치하는 중이다. 이 응용프로그램은 '강헌구'라는 컴퓨터가 '내 삶의 비전'이라는 과제를 수행하도록 만든다. 조깅, 윗몸일으키기, 역기 들기를 통해 내 몸은 어느덧 내 삶의 비전을 기록하는 비석이 되고, 나는 매일 세상을 향해 몸으로 나의 비전을 선포하고 있다.

요가 수련자들은 앉는 자세에 따라 의식도 달라진다고 믿는다. 영어에서도 '자세(attitude)'라는 단어는 사고방식, 의견, 심정, 몸가짐이라는 뜻을 모두 포함한다. 분명 마음먹기에 따라 몸은 달라진다. 그러나 거꾸로 몸의 경미한 변화가 마음에 아주 큰 영향을 준다는 것 역시 틀림없는 사실이다.

당연한 말이지만 지속적인 운동은 몸을 변화시킨다. 몸에서 일어나는 변화는 몸에 대한 생각에 영향을 주고, 세상을 보고 듣고 이해하는 방식에도 영향을 준다. 동시에 '나는 이런 사람이다.'라는 자아상도 큰 변화를 겪는다. 몸의 변화를 통해 마음이 바뀌는 경험, 자아상이 바뀜에 따라 자신에 대해 새로운 정의를 내리고, 바라는 대로 삶이 바뀌는 신비한 경험은 누구라도 가능하다. 지금 우리가 몸으로 비전을 선포해야 할 이유는 바로 그것이다.

불태우고, 파묻고,
날려버려라

이제까지 당신을 혼란스럽게 해왔던
모든 습관과 태도와 물건과 프로그램을 삭제하라.

한 청년이 현자로 소문난 왕을 찾아가서 성공의 비결을 물었다.

"저에게 성공의 비결을 알려주십시오. 어떻게 하면 성공할 수 있습니까?"

왕은 대답 대신 포도주를 한 잔 가득 부어주며 이렇게 말했다.

"이 포도주 잔을 들고 시장통을 한 바퀴 돌아오면 비결을 가르쳐주겠다. 단 포도주를 한 방울이라도 흘리면 이 칼로 네 목을 벨 것이다."

바짝 긴장한 청년은 땀을 뻘뻘 흘리며 복잡한 저잣거리를 한 바퀴 돌았고, 다행히 포도주를 한 방울도 흘리지 않았다. 청년에게 왕이 물었다.

"시장을 돌며 무엇을 보았느냐. 거리의 거지와 장사꾼들을 보았느냐. 술집에서 새어나오는 노랫소리는 들었느냐?"

청년이 대답했다.

"포도주 잔에 신경 쓰느라 아무것도 보고 듣지 못했습니다."

그러자 왕이 말했다.

"바로 그것이 성공의 비결이다. 확고부동한 목표를 세우고 거기에만 집중하면 목표 이외에 온갖 잡동사니는 보이지도 들리지도 않는다."

가슴 뛰는 삶을 살며 큰 꿈을 이루기 위해선 무엇보다 집중력이 필요하다. 집중력은 하나를 열로 부풀린다. 레이저는 그 자체로는 몇 와트 안 되는 약한 에너지원이지만, 가늘게 집중시켜 지속적으로 쏘면 다이아몬드에 구멍을 내거나 암세포를 깨끗이 없앨 수도 있다.

한 가지에 집중한다는 것은 그것을 제외한 나머지를 모두 버린다는 뜻이다. 그러니 제대로 집중하기 위해선 버려야 한다. 성공의 비결을 물었던 청년은 포도주를 한 방울이라도 흘리는 날엔 목숨이 날아간다는 생각으로 몸과 마음과 정신을 온통 포도주 잔에만 집중했다. 그러느라 그 시끄럽고 복잡한 시장통을 뚫고 지나가면서도 아무것도 보고 듣지 못했다. 한 가지 목표를 이룰 수 있다면 나머지는 모두 버려도 좋다는 마음가짐, 그게 바로 집중력이다. 이야기 속의 청년처럼 목숨이 달린 중요한 한 가지가 있다면 당연히 다른 것은 아무것도 안 보인다. 거기엔 버릴 수 있는 용기와 끝까지 놓지 않고 단 하나의 목표에만 집중하겠다는 집요함과 끈기가 필요하다.

반대로 엉뚱한 것에 집중, 아니 집착하다가 인생을 망치는 경우도 있다. 유명한 아프리카식 원숭이 사냥법 이야기도 있지 않은가. 아프리카의 한 부족은 유리병 하나만 가지고도 손쉽게 원숭이를 잡는다고 한다. 일단 야생 원숭이가 많이 다니는 곳에, 입구가 가늘고 몸통이 큰 유리병을 가져다놓고 안에는 땅콩을 넣어둔다. 그러면 원숭이들이 지나가다 병 속에 들어 있는 땅콩을 보고 손을 집어넣어 한 주먹 가득 쥔다. 그때 숨어 있던 원주민 사냥꾼들은 소리를 지르며 뛰쳐나와 원숭이를 향해 달려간다. 그러면 원숭이는 땅콩으로 불룩해진 주먹을 빼지 못하고 유리병을 질질 끌며 도망가고, 결국 잡히고 만다.

땅콩 한 줌을 버리지 못해 잡혀온 원숭이들, 이 원숭이들은 서커스단에 팔려가거나 사람 대신 야자열매 따기에 동원된다. 사람들이 쫓아올 때 손에 움켜쥔 땅콩을 놓기만 했어도 쉽게 도망갈 수 있었을 것이다. 원숭이는 총명한 동물이기 때문에 땅콩 한 줌과 평생의 운명을 바꿀 수 없다는 것을 안다. 다만 결정적인 순간에 본능에 굴복해버려 그 사실을 잊었을 뿐이다. 버리는 법을 모르면 우리도 어느 순간 잡혀온 원숭이 신세가 될지 모른다.

버리기 선수가 만들기 프로다

'삼망(三忘)'이라는 말이 있다. 전쟁터에 나가는 병사는 가정을 잊고, 부모를 잊고, 자신을 잊어야 한다는 것이다. 전장에서는 각자의 개인사정을 버리고 모든 병사가 오직 전투에만 집중해야 승리할 수 있기 때문이다. 컴퓨터도 너무 많은 것이 가득 들어차 있으면 속도가 점차 느려지다가 결국 시스템 전체가 멈춰버린다.

사람도 마찬가지다. 오만가지 잡동사니 정보와 아무짝에도 쓸데없는 과거의 기억이나 감정들이 혼란스럽게 뒤섞여 우리의 몸과 마음, 정신과 영혼을 꽉 채워버린다면, 자신의 의지와는 상관없이 아무것도 할 수 없는 공황상태에 빠져버리고 만다. 섬뜩하지 않은가? 그러면 정작 중요한 것에는 집중하지 못하고 쓸데없는 데 신경 쓰느라 인생을 낭비하게 된다. 뒤죽박죽 산만한 생활, 구심점이 없는 방만한 날들로 허송세월할 수밖에 없다. 그러니 가득 찬 쓰레기통은 얼른 비우고 정신을 정화할 시간이 절실히 필요하다는 말이다.

인생의 대가들은 버리기에 능숙했다. 《아큐정전》, 《광인일기》 등을 쓴 중국의 사상가이자 문학가인 루쉰은 의사의 길을 버리고 문학을 선택했다. 반 고흐 역시 목사라는 직업을 버리고 화가가 되었으며, 고갱 또한 편안하고 안정된 생활을 포기하고 고단한 화가의 길을 택했다.

역사를 돌아보면 큰 업적을 남긴 사람일수록 더 중요한 것을 더 많이, 더욱 과감하게 버렸다. 종교지도자나 독립운동가들처럼 선량하고 아름다운 목적을 달성하기 위해 재산이나 권력, 지위, 생명까지 버리는 사람들도 있다. 보통사람이라면 상상도 못할 일이지만, 그들은 웃으며 말한다. "버리고 나니 더 좋은 것을 얻을 수 있었다"고.

버리는 것은 곧 새로운 출발이다. 위대한 성인이나 세상을 구한 영웅들도 처음에는 우리와 마찬가지로 여러 가지 유혹에 흔들렸을 것이다. 하지만 한 가지 목적이 그들로 하여금 그런 위대한 일을 해내도록 만들었다. 자선사업을 하라거나 무조건적인 희생을 하라는 것이 아니다. 제대로 집중하다 보면 자연스럽게 목표 이외의 것들은 저절로 버려진다는 말이다.

내가 지금 이 글을 쓸 수 있는 것도 많은 모임과 즐거운 것들, 하고 싶은 일들을 버렸기 때문에 가능한 것이다. 마찬가지로 이 책의 독자인 여러분도 여러 가지 유혹을 뿌리치고 지금 이 글을 읽고 있을 것이다. 버리는 것은 이처럼 가장 가까운 곳에서 가장 쉬운 것부터 실천할 수 있다.

꿈꿔왔던 내일이 시작되기를 진정으로 갈망하는가? '나에게 어울리는 미래', 숙명적인 하나의 키워드를 찾았는가? 그것에만 집중하기로 작심했다면 이제 그 결심을 입증해보일 시간이다.

'작심'은 버리는 것에서 시작된다. 버려라. 방해가 될 만한 모든 것을 불태우고, 날려버리고, 파묻어라. 과거의 실수와 실패, 불행에 대한 집착과 자책을 날려버려라. 남의 시선을 끌기 위해 몸에 걸친 거추장스러운 물건들도 모두 불태워라. 시간과 돈과 에너지가 줄줄 새어나가곤 했던 회원증과

신용카드를 모두 가위로 잘라버려라. 열등감과 우월감도 날려버려라. 사진들과 편지들과 서류들을 불태워라. 습관적으로 해왔던 모든 것, 애지중지 집착해왔던 모든 것을 파묻어라. 물러설 곳이 없도록 퇴로를 차단하고, 나쁜 보급로는 아예 폐쇄하라. 인생을 혼란스럽게 하는 모든 프로그램들을 삭제하라. 당신의 작심이 한층 강화될 것이다.

꿈이 있는 자에겐 노래가 있다, 시(詩)를 낭송하라

꿈을 잘 표현한 시를 수집하고 그 시들을 암송하는 것도 중간에 포기하거나 지치지 않고 비전과 사명을 달성하게 하는 데 큰 도움이 된다. 특히 마음속의 잡생각들을 깨끗이 정리해주고 집중력을 키워주는 데는 시 암송만큼 좋은 것이 없다. 기독교인들이 주기도문을 외우는 것이나 스님들이 불경을 암송하는 것도 다 그 같은 연유에서다. 마음에 드는 시를 골라 매일 틈나는 대로 암송하라. 원어든 한국어든 관계없다. 적절한 시가 없다면 직접 시를 지어도 좋다. 유명인의 시든 자작시든 혼자 있을 때도 암송하고 사람들 앞에서도 암송하라.

입 밖으로 소리 내는 것, '낭송'은 힘이 세다. 그냥 눈으로 읽고 지나치는 것과는 차원이 다르다. 귓가에 들리는 자신의 상기된 음성은 스스로에게 최면을 걸어 행동하게 만든다. 특히 정교하게 다듬어진 보석 같은 시어들은 이성이 지배하는 의지나 판단을 넘어 감성에 호소하기 때문에 마음의 눈을 뜨게 해주고, 머릿속의 어지러운 생각들까지도 말끔히 정리해준다. 가슴을 뛰게 한다.

지금 당장 한 편의 시를 외워 큰 소리로 낭송해보라. 처음 해보는 사람이라면 쑥스러워서 입이 쉽게 떨어지지 않겠지만, 한번 해보면 깜짝 놀랄 것이다. 형용하기 어려운 자부심과 자기 확신이 용솟음치는 느낌, 온몸의 에너지가 한 곳으로 집중되는 놀라운 경험을 꼭 해보기 바란다.

서점에 넘쳐나는 자기계발서를 보면 시대를 이끌어가는 리더, 역할모델로 삼을 만한 사람들이 애송하는 시들이 많이 소개되어 있다. 그중 내 마음에 꼭 들고 내 상황에 꼭 맞는 시를 최소한 10편 이상 찾아서 수첩에 적어두거나 프린트해서 책상 옆에 붙여두고 자주 읽고 외워라. 나의 애송시라고 할 수 있는 작자미상의 시 한 편을 여기에 소개하겠다.

행복으로 이끄는 힘

누군가는 불가능한 일이라고 말했지만
그는 껄껄 웃으며 대답했다.
그럴지도 모르지.
하지만 그는 자신이 해보기 전에는 그렇게 말하지 않는 사람

그래서 그는 일에 착수했다.
얼굴에 여전히 희미한 미소를 띤 채
근심이 있다 해도 숨겨버렸다.
다들 못한다던 일에 착수했다.

누군가는 코웃음 쳤다.
자넨 절대로 못해.
적어도 지금까지는 다들 실패했으니
하지만 그가 웃옷과 모자를 벗는 것을 보고
우리는 그가 일을 시작했음을 알았다.

의기양양하게 턱을 치켜들고 약간 미소를 띤 얼굴로
일말의 의심도 억지도 없이
그는 노래를 흥얼거리며
다들 못한다던 일에 착수했다.

불가능이라 이르는 사람이 수천 명
실패를 예견하는 사람도 수천 명
위험이 앞에 도사리고 있다고
수천 명이 차례차례 경고하겠지.

하지만 미소 띤 얼굴로 그냥 시작하는 게지.
그냥 웃옷을 벗어 놓고 뛰어들어
노래를 흥얼거리며 일하다 보면
불가능이라던 일도 이루어진다네.

낯선 환경,
외딴 곳으로 옮겨가라

익숙한 사람들과 익숙한 장소를 떠나 외톨이가 되어라.
그곳에서 필사의 의지와 절박함, 초인적인 능력이 깨어난다.

영국에서 미국으로 새로 이민 온 사람들이 원래부터 미국에 살고 있던 사람들보다 자수성가형 백만장자가 될 확률이 4배나 높다는 통계를 본 적 있다. 우리나라에서도 1945년 8·15 해방과 그에 이은 6·25 전쟁통에 북쪽에서 내려와 이주한 사람들이 더 잘산다는 이야기가 회자된다. 왜 이주자들이 더 잘살게 되었을까? 운이 더 좋아서일까? 아니면 더 많이 배우고 머리가 좋아서일까? '타관사람'인 그들은 주위의 도움은커녕 오히려 토착민들의 멸시와 텃세를 견뎌야만 했으며, 학력수준도 토착민에 비해 낮은 편이었다. 그렇다면 왜 그들은 성공할 확률이 더 높은 걸까?

도움 청할 사람이 아무도 없고, 어디에도 기댈 곳이 없는 절박한 상황이 그들을 그렇게 강인하게 만들어준 것 아닐까? 세상에 믿을 것은 나 하나뿐이고, 아무리 사소한 것이라도 스스로 해결해야 한다는 절박한 현실은 사람을 더 긴장하게 만들고 집중하게 만든다. 자신도 모르고 있었던 초인적인 능력이 깨어날 수도 있다.

이민자들은 어떻게든 기를 쓰고 새로운 곳에 정착하기 위해서 애쓴다. 무슨 일이든 필사적으로 매달리고, 언제 어디서나 긴장의 끈을 놓지 않으며, 눈에 불을 켜고 기회를 탐색한다. 그러한 절박함에 외부인의 새롭고 낯선 시선이 합쳐져 원래 있던 사람들이 보지 못한 것까지도 찾아내는 것이다.

익숙한 환경에서는 그들처럼 긴장할 필요가 없다. 조금이라도 힘이 든다 싶으면 아무에게라도 도움을 요청할 수 있으니까 말이다. 익숙한 것은 곧 편안함이고 편안함은 곧 나태함과 정체로 이어진다. 그러니 아무리 새로운 결단을 했다 해도 익숙하고 편안한 환경을 떠나지 못한 상태라면 물에 물 탄 듯 술에 술 탄 듯, 유야무야 사라지고 만다.

작심을 한다는 것은 몸도 마음도 새로운 장소로 옮겨가는 것이다. 마음을 바꾸었다면 환경도 완전히 새롭게 바꾸어라.

그래야 작심이 더욱 탄력을 받고 굳건해진다. 구약성경에도 큰 민족을 이루기를 원한다면, 이름을 창대케 하고 복의 근원이 되고 싶다면, '본토, 친척, 아비 집'을 떠나라고 명령하는 장면이 나온다. 잔뼈가 굵어온 삶의 터전을 바꾸고, 지금까지 영향을 주었던 모든 인습과 문화적 행태들을 버리고, 가족마저도 벗어버려야만 새로운 가치관과 새로운 비전을 향해 나아갈 수 있다는 의미다.

새로운 곳에서 새롭게 시작하라

어느 조사결과에 따르면, 4세 아이들은 96%가 높은 자아존중감과 긍정적인 자아이미지를 가졌다고 한다. 이 아이들은 우주비행사, 발레리나, 해적, 카우보이, 비행기 조종사 등 원하는 것은 무엇이든지 될 수 있다고 믿는다. 그런데 이 아이들이 18세가 되면 겨우 5% 이하만이 긍정적인 자아이미지를 갖는다고 한다. 정말 충격적인 사실이 아닐 수가 없다. 이 아이들은 자라면서 도대체 무슨 말을 듣고 어떤 것을 경험한 걸까?

"너는 왜 이렇게 한심하니?", "너는 노래도 못하는구나.",

"너는 뭐 하나 제대로 하는 게 없니?", "네가 뭐라도 되는 줄 아나보지?", "넌 절대 성공 못해." 등등. 자아이미지라는 것은 자라면서 보고 듣고 경험한 모든 외부 자극들이 차곡차곡 쌓여서 점진적으로 형성되는 것이다. 학교에 가면 선생님이 만날 공부 못한다고 구박하고, 집에서는 부모님이 뭐 하나 제대로 하는 게 없다고 사사건건 잔소리고, 친구들마저도 비난하고 놀려대기만 한다면, 과연 이 아이가 어떤 자아상을 갖게 될까? 이런 악조건 속에서도 밝고 긍정적으로 자라 위대한 일을 해낼 수 있을까? 수백만 명 중 한 명 정도는 그럴 수도 있겠지만, 대부분은 그 모든 절망의 말들을 자기도 모르게 몸속 깊은 곳에 쌓아두고 굳어지게 놔둔다. 그리고 무의식에 저장된 이런 말들은 익숙한 장소에서 익숙한 사람들을 만날 때마다 스멀스멀 기어 올라와서 스스로에게 반복해서 재생해준다. 그러므로 익숙한 곳에서 한시라도 빨리 떠나는 것이 그 모든 나쁜 감정의 흉터를 없앨 수 있는 방법이다.

한 가지 더 좋은 점이 있다. 장소를 옮기면 느낌도 생각도 달라진다는 점이다. 나 역시 이 글을 쓰면서 수없이 많은 곳을 옮겨다녔다. 강가에 가서 몇 가지 생각해보고, 생각이 막히면 미련 없이 떠났다. 산속에 들어가서 몇 페이지 쓰다가지지부진하면 다시 도심의 카페에 가서 앉았다. 그래도 신통치 않으면 집으로 들어갔다가 바닷가에 가기도 했다. 그러다 보면 떠나기 위해 보따리를 챙기면서 또 도착해서 짐을 풀면서 새로운 아이디어가 떠오른다. 앉아서 노트북을 두드리는 것은 그저 그렇게 떠오른 생각들을 챙기는 작업일 뿐이다. 어떤 광고에 "열심히 일한 당신 떠나라!"고 했던가? 날기로 작심한 당신, 떠나라!

먹는 것, 입는 것, 가는 곳을 모두 바꿔라

성공학의 대가 브라이언 트레이시(Brian Tracy)는 어느 책에서 세일즈 매니저로 크게 성공한 사람 이야기를 들려주었다. 그 매니저는 신입 판매원을 선발하고 나면, 제일 먼저 캐딜락 판매점에 데리고 가서 낡은 차를 고급 캐딜락으로 바꾸라고 요구한다고 한다. 영문을 모르는 신입사원은 갑자기 차를 바꾸라니 당연히 주저한다. 하지만 매니저는 신입 판매원에게 기어코 캐딜락을 사게 하고 만다.

옷만 바꿔 입어도 사람들은 당신을 다르게 본다

취직하자마자 반 강제로 캐딜락을 사서 집에 몰고 온 신입 판매원에게는 어떤 일이 벌어질까? 일단 누구나 예상할 수 있는 첫 번째 반응은, 새 캐딜락을 본 부인의 깜짝 놀라는 모습일 것이다. 아마도 그의 부인은 심장마비 직전의 표정으로 남편을 원망하듯 바라볼 것이다. 하지만 잠시 후 어느 정도 진정이 되면, 부인도 어느새 새 캐딜락 때문에 슬슬 기분이 좋아진다. 부부는 새 차를 몰고 나가 동네를 한 바퀴 돈다. 부부가 손을 흔들면서 지나갈 때면, 이웃들은 새 캐딜락을 타고 나타난 부부의 모습을 보고 몰려와서 감탄할 것이다. 사람들은 '새로운 직장에 들어가더니 벌써 이렇게 좋은 차로 바꾸었네. 잘나가나보다.' 하며 칭찬과 부러움 어린 시선을 아끼지 않는다.

이런 과정을 경험하면서 신입 판매원은 자신도 모르는 사이에 잠재의식 속에 있었던 스스로에 대한 인식을 바꾼다. '내가 정말로 부자가 된 것 같아!' 혹은 '사람들이 모두 다 나를 부러워하는 모양인데?' 하고 우쭐대면서 자신이 정말 돈을 잘 버는 사람이 된 듯한 착각에 빠지기도 한다. 그러다가 점차 정말 그런 사람이 되어야겠다는 절실한 목표가 생긴다. 자신의 잠재능력에 대한 태도와 인식이 바뀌는 것이다.

그렇게 시간이 흐르면 얼마 지나지 않아 그는 정말로 자신을 최고의 성취자로 바라보기 시작한다.

앞에서 말했던 세일즈 매니저가 노린 것이 바로 그것이다. 그런 식으로 신입 판매원들의 자신감이 올라가고 자신에 대한 기대치가 높아지면, 결국 시간이 흐른 뒤 그 조직에 속한 판매원들은 거의 예외 없이 판매왕이 된다고 한다. 판매실적은 비약적으로 상승하고, 수입도 그만큼 더 많아졌으니 새 캐딜락 할부금쯤은 문제가 되지 않는다.

어떤가? 차만 바꿔도, 아니 지금 입고 있는 옷만 바꿔도, 사람들은 우리를 다르게 본다. 그리고 그 달라진 시선은 나 스스로에게도 영향을 미쳐 비전을 향한 결의가 한결 더 공고해진다. 그렇다고 당신더러 당장 카드빚이라도 내서 자동차를 바꾸라는 얘기는 아니다. 요지는 옷이 되었든 무엇이 되었든 자신을 나타내주는 양식을 한번쯤 과감히 바꾸어볼 필요가 있다는 것이다. 새로운 기분과 의식이 당신도 모르게 당신의 인식과 태도를 놀랍게 변화시켜줄 테니까 말이다.

만나는 사람을 바꾸면 새로운 시각을 배울 수 있다

미국의 대통령이었던 존 F. 케네디(John F. Kennedy)는 1962년

라이스대학 연설에서 '10년 이내에 인간이 달 위를 걷게 하겠다'고 선언했다. 그러나 수많은 과학자들이 그것은 '불가능하다'고 했다. 그때 케네디는 그들과 논쟁하는 대신, 한자리에 모아놓고 그 일이 왜 불가능한지 명확한 이유를 대라고 말했다. 물론 과학자들은 자신의 모든 지식과 연구결과를 총동원해서 '유인 우주선이 달 위에 착륙할 수 없는 이유'를 정리해서 제출했다.

그 후 케네디는 더 이상 그들을 만나지 않았다. 그 대신 '가능하다'고 말한 과학자들만 만났다. 그리고 그들과 함께 '불가능하다'고 말한 과학자들이 들이댄 '불가능한 이유'들에 대해 조목조목 해결책을 찾아냈다!

결국 1969년 8월 닐 암스트롱(Neil Alden Armstrong)은 달 위를 걸었다. 어떤가? 케네디가 계속해서 '불가능한 이유'만 이야기하는 과학자들과 만났더라면 비전을 실현시킬 수 있었을까? 어떤 사람과 만나 어떤 일을 하느냐는 언제나 굉장히 중요한 일이다. 알게 모르게 서로에게 큰 영향을 주기 때문이다.

요즘 자주 만나는 사람들은 어떤 사람들인가? 부정적인 말과 태도로 주위 사람을 주눅 들게 하거나 무능하게 만드는 사람은 아닌가? 나에게 나쁜 영향을 주는 사람이 아니더라도 가끔씩은 만나는 사람을 바꿔볼 필요가 있다. 나에 대한 선입견이 없어서 완전히 새로운 시각으로 바라보는 사람, 같은 상황이라도 전혀 색다르게 바라보는 그들의 시각은 우리를 각성시킬 것이다. 그것은 우리가 바라는 내일이 더 일찍 시작된다는 말과 같다.

속한 모임을 바꾸면 새로운 자아상을 창조할 수 있다

《영혼을 위한 닭고기 수프》의 공저자 마크 빅터 한센(Mark Victor Hansen)은 무명시절 어느 행사장에서 《네 안에 잠든 거인을 깨워라》의 저자 앤서니 로빈스(Anthony Robbins)를 만났다고 한다. 자신과는 비교할 수도 없을 만큼 유명한 강사인 앤서니 로빈스에게 다가가서 어떻게 하면 그렇게 유명해지고 돈도 많이 벌 수 있느냐고 물었다. 그때 앤서니 로빈스는 대답 대신 이렇게 되물었다.

"당신이 자주 가는 사교클럽에는 어떤 사람들이 모이나요?"

"백만장자들이요. 거기 모이는 사람들은 다 백만장자들뿐입니다."

마크 빅터 한센의 대답을 듣고 앤서니 로빈스가 대답했다.

"그게 바로 문제예요. 백만장자가 아니라 억만장자와 만나야죠! 닮고 싶은 사람과 가까이 지내세요. 그들이 당신에게 억만장자 마인드를 갖게 해줄 겁니다."

내가 자주 만나는 사람들은 누구이며, 자주 나가는 모임은 어떤 분위기의 어떤 모임인가? 대한민국만큼 학연, 지연 같은 인맥과 연줄이 중요한 나라도 없지만, 지금 우리가 얘기하는 것은 그런 것이 아니다. 오프라 윈프리는 자신의 인생 10계명에서 '주변에 험담하는 사람을 멀리'하그, '나에 버금가는, 혹은 나보다 나은 사람들로 주위를 채우라'고 했다.

옛말에 근묵자흑(近墨者黑), 근주자적(近朱者赤)이라 했고, 맹자 엄마도 괜히 극성을 떤 게 아니다. 적극적으로 새 친구를 찾아라. 성공하고 싶다면 성공한 친구들을 만나고, 글을 잘 쓰고 싶다면 글 잘 쓰는 친구들과 만나라. '나에게 어울리는 미래'를 가슴속에 품고 있다면, 거기 어울리는 친구들을 만나고 모임에 나가라.

새 친구들은 나에게 열정이 꺼지거나 흔들리지 않도록 계속해서 에너지를 불어넣어줄 것이다. 또한 나의 옛 모습을 모르는 사람들은 편견 없이 나를 바라볼 것이고, 좋든 싫든 고정되어버린 과거의 이미지를 탈피할 수 있다. 껍질을 벗고 나비가 되어 날아오른 후에는 더 이상 번데기가 아니다. 나비가 되었다면 번데기들과 놀 필요가 없다. 올챙이 시절은 그만 잊어도 좋다.

장군처럼 먹으면, 바보도 장군이 된다

'먹는 것이 곧 그 사람'이라는 말처럼, 사람은 자신이 먹는 대로 된다. 인간에게 음식이라는 것은 생명과 직결된 중요한 문제다. 단순히 활동할 수 있는 연료, 필요한 칼로리를 섭취하는 것 이상의 의미가 있다. 몸과 마음의 질적 수준을 결정하고 정신을 지배하며 인간관계도 좌우한다. 레오나르도 다빈치는 '최후의 만찬'을 그리기 위해서 2년 9개월이라는 긴 시간 동안 식탁 위에 그려넣을 음식 연구에만 집중했다고 한다. 예수님이 드실 음식에 대해 그만큼 고민했다는 것이다. 되고자 하는 미래의 내 모습이 마음속에 그려졌다면, 그렇게 되기 위해 무엇을 먹어야 하는지, 어떤 방식으로 먹어야 하는지 생각해보자.

피타고라스나 소크라테스, 플라톤, 아인슈타인 같은 사람들은 종교적인 이유로, 혹은 개인적인 신념에 따라 채식주의를 선택했다. 또한 평강공주는 바보 온달을 장군 온달로 만들기 위해, 장군이 먹어야 할 것을 장군의 방식으로 먹도록 했다. 그래서 바보가 장군이 된 것이다.

좋아하는 음식을 바꿔보라. 뜨거운 것을 좋아했으면 찬 것으로 바꾸고, 한식을 좋아했으면 일식이나 중식 또는 양식으로 바꿔보라. 금기시하고 먹지 않았던 음식이 있다면 이제라도 도전해보자. 평생 나 혼자만 모르고 죽을 뻔한 새로운 맛의 세계가 열릴지 아무도 모르는 일 아닌가.

먹는 방식도 바꿔보라. 외식을 좋아했으면 가끔은 스스로 만들어 먹어보자. 날씬해지고 싶다면 날씬한 사람들이 선호하는 음식을 날씬한 사람이 먹는 방식으로 먹어보자. 오래지 않아 거기 익숙해질 것이고 몸도 그렇게 달라질 것이다. 당신 인생의 숙명적인 키워드에 합당한 음식이 무엇인지 고민해보고 그것으로 오늘 당장 바꿔보자.

말투를 바꿔 당신의 결의를 세상에 알려라

말이 곧 우리의 생각이다. 항상 "내 생각엔…"이라는 애매한 말을 습관적으로 써왔다면, 그것 대신 "내 판단으로는…, 내가 알기로는…, 내가 믿기로는…, 내 기억에는…"이라고 말해보자. '글쎄, 그냥, 아마도, 어쩌면'과 같은 모호한 말투를 버리고, 나도 모르게 자주 쓰는 습관적인 표현들도 바꿔보자.

"노력해볼게."라고 말하지 마라. 대신 "할게, 갈게", 아니면 "못하겠어, 안 가겠어."라고 단호하게 말하라. "미안해."라고 말하지 말라. "미안해."라는 말을 한 번 할 때마다 우리의 작심은 한 뼘씩 흔들린다. 어느 쪽으로도 발을 담그지 않겠다는 기회주의적이고 모호한 말은 우리 스스로를 소신도 없고 줏대도 없는 사람으로 만든다. 이도저도 아닌 상태로 주저하다 보면 자꾸만 뒤로 물러나게 되고, 말투에서부터 확실히 주장하지 않으니 스스로 책임도 지지 않으려 한다. 단호하고 결기 있는 말투로 바꿔라. 말투를 통해서 작심한 바를 대범하게 세상에 알려라.

쉬운 것부터 바꿔보자. 그저 무심코, 습관적으로 해왔던 일들도 다시 생각해보고 다른 방법으로 해보라. 아침에 이를 먼저 닦고 면도를 해왔다면 면도를 먼저 하고 이를 닦아라. 늘 가던 곳에 가서 늘 먹던 것만 먹지 말고 한 번도 가보지 않은 식당에서 처음 먹어보는 음식을 시켜보자. 항상 다니던 길 대신 새로운 길로 출근해보고, 싱글재킷만 입고 다녔다면 더블재킷으로 바꾸고, 녹차만 마셨다면 커피도 마셔보자. 고교 동창들만 만났다면 대학 동창들에게 연락해보자. 등산만 즐겼다면 낚시를 시작해보자.

물고기를 잡으려면 물고기처럼 생각하라고 했다. 미래에 되고 싶은 모습을 정했다면, 이렇게 작은 것부터 하나하나 바꿔나가는 연습을 해보자. 그러면 어느덧 변화에 익숙해진 자신, 지금보다 훨씬 더 유연하고 유쾌해진 자신을 발견할 수 있을 것이다. '변화'라는 것은 걱정하고 두려워하는 것만큼 어렵거나 고통스러운 일이 아니다. 상실감을 느끼는 것만큼이나 새로운 시작에 대한 설렘과 기대를 선사할 것이다. 그런 작은 변화들이 우리의 뇌기능, 앞에서 언급한 전두엽 피질을 활성화시키고 나태함을 몰아낸다. 우리의 작심은 그런 식으로 행동에 옮겨지고 점차 기정사실이 된다.

등록하고,
설치하고, 작동시켜라

비전을 행동으로 연결시켜주는 연결장치를 세팅하고,
앞서 가는 사람들의 밈(meme)을 다운로드 받아라.

한 젊은이가 미국 LA로 유학을 가서 박사학위 논문을 쓰고 있었다. 아르바이트로 생계를 유지하느라 고되지만 제대로 된 논문을 쓰고자 최선을 다하고 있었다. 최종심사 단계에 이르자 그는 논문에 좀더 많은 시간을 할애해야 했다. 그러자니 생활비를 벌 시간이 모자랐고, 아기 우유도 충분히 사 먹일 수 없는 지경에 이를 만큼 빠듯해졌다. 끝이 보이지 않는 공부에 앞날은 막막하고 생활도 너무나 고생스러워서 '차라리 논문을 포기하고 직업전선에 뛰어들까?' 하고 마음이 흔들리기도 했다.

바로 그때 한국에 계신 모교 스승으로부터 전화가 걸려왔다. 며칠 후 LA에 갈 예정이니 만나자는 것이었다. 그는 공항으로 달려가 옛 스승을 맞이했다. 젊은이의 스승은 그의 사정을 눈치 채고는 100달러짜리 지폐 두 장을 그에게 건넸다. 그는 거듭 사양했지만 워낙 간곡하게 받으라고 하는 바람에 결국 받을 수밖에 없었다.

집으로 돌아온 젊은이는 그 돈을 액자에 넣어 식탁 위에 올려놓았다. 그는 그날부터 논문을 포기한다는 말을 일절 꺼내지도 않았고, 마음이 흔들리거나 나태해질 때마다 식탁 위에 놓인 액자를 바라보며, 스승의 인자하고 온화한 미소를 떠올렸다. 그러면서 처음 한국을 떠나올 때 각오했던 바를 되새기곤 했다.

그는 결국 분발에 분발을 거듭하며 열심히 일하고 열심히 연구한 끝에 박사학위를 받을 수 있었고, 지금은 미국 현지에서 라디오 방송을 진행하는 등 왕성한 활동을 하고 있다. 결국 은사님이 선물한 200달러는 2만, 아니 20만 달러 이상의 힘을 그에게 주었다. 그는 의지가 꺾일 때마다 액자에 끼워둔 200달러를 바라보며 각오를 시롭게 했다.

출발을 알리는 '신호'시스템을 설치하라

내일을 향해 출정하려는 결의를 강화하려면 가까운 곳에서 늘 '출발!' 신호를 보내주는 무언가가 있어야 한다. 항상 정확하고 일관된 신호를 보내주는 장치, 반응하지 않을 수 없게 만드는 장치 말이다. 굳은 결심을 하며 의지를 다졌던 어느 바닷가에서 주워온 동그란 조약돌도 좋고, 소중한 사람에게서 '힘을 내라'는 메시지와 함께 선물로 받은 작은 열쇠고리도 좋다. 늘 곁에서 나에게 힘을 주고 결심을 새롭게 해주는 것이라면 무엇이든 상관없다. 자주 꺼내보고 만져보며 가슴을 뛰게 하기만 하면 된다.

미국 프로야구 역사상 가장 빛나는 기록을 보유하고 있는 타자 토니 그윈(Tony Gwynn)은 여덟 번이나 타격왕 타이틀을 차지했으며 통산타율 0.339라는 믿기 어려운 기록을 가지고 있다. 2007년에는 뉴욕에 있는 야구 명예의 전당에 헌액되기도 했다.

2001년 공식 은퇴를 선언하기 전까지 그의 서재에는 각종 야구 경기실황 테이프들이 산더미같이 싸여 있었다. 그는 시합을 하기 위해 이동하는 동안에도 두 개의 VCR을 들고 다니며 타석에서의 자신의 동작 하나 하나를 편집하여 테이프에 담았다.

그는 1분 1초도 낭비하지 않고 스윙연습을 하거나 녹화 테이프를 보는 걸로 유명했다. 연습이나 테이프 보기를 잠시 중단할 때가 있다면, 오직 팀 동료들이나 라이벌인 다른 타자들과 타격에 대한 의견을 나눌 때뿐이었다.

그윈에게는 어지간해서는 '이만하면 됐다.'는 것이 없었고, 타격은 그의 즐거움 그 자체였다. 사교모임에 참석할 때도 주머니 밖으로 늘 배팅 글로브가 삐죽삐죽 고개를 내밀고 있었다고 한다. 스윙연습, 테이프 보기, 타격에 대한 의견교환, 이 세 가지 가운데 어느 하나도 할 수 없을 경우에는 탁구라도 쳐서 눈과 손동작의 연결능력을 높이려 애쓰는 타자였다. 이 정도면 정말 독종이라 부를 만하지 않은가.

확고한 비전이 있다 해도, 그것이 꼭 행동으로 연결된다는 보장은 없다. 비전을 성취하기 위해서라면 어떤 대가라도 치르겠다고 각오를 다지고 결심을 해봐도, 어느 순간에는 하기 싫어지거나 귀찮아질 때가 있다. 생각은 굴뚝같은데 어디서부터 어떻게 시작해야 할지 도무지 실마리가 잡히지 않아 멍하니 있을 때도 있다. 그럴 때 필요한 것이 바로 그 200달러가 끼워진 식탁 위의 액자, VCR과 테이프, 주머니 속의 배팅 글러브다. 이런 물건들은 힌트와 상징이 되어 우리를 향해 "바로 지금이야. 시작해! 액션! 큐, 큐, 큐!"라고 외친다.

눈에 잘 띄는 곳에 당신의 비전을 담은 그림을 붙여놓는 것은 어떨까? 20년 후에 살고 싶은 집, 가지고 싶은 사무실, 되고 싶은 역할모델 등을 잡지에서 오려 책상 앞에 붙여놓아도 좋다. 미래에 〈타임 Time〉지 커버기사의 주인공이 되고 싶다면 잡지표지에 당신의 사진을 붙여보자.

늘 가지고 다니는 열쇠고리나 액세서리를 보며 매 순간 결의를 강화하라. 바지 주머니에 그날의 결심을 적은 작은 메모지를 넣고 다니면서 손만 넣으면 당신의 촉각을 자극하게 하라. 열거나 켜기만 하면 "큐!" 소리가 나오는 장치를 문이나 스탠드에 설치하면 어떨까? 눈길이 닿는 곳이라면 어디든지 미션과 비전을 적어서 붙여놓는 것도 좋은 방법이다.

비전과 관련된 것이라면 무엇이라도 보고, 듣고, 경험하고, 옆에 두어라. 하나의 키워드에 20년 동안 줄기차게 집중하기 위해서는 우리를 둘러싸고 있는 모든 것들이 우리를 향해 "큐!"를 외치게 해야 한다.

같은 꿈을 꾸는 이들과 꿈들의 숲을 이뤄라

1966년 11월의 어느 날, 춘천의 어느 교회 다락방에 10여 명의 고교생들이 옹기종기 모였다. 그들은 작은 메모지를 한 장씩 들고 사뭇 진지한 표정으로 앉아 있었다. 그중 리더 격으로 보이는 상급생이 차례를 정해주자 첫 번째 학생이 긴장된 목소리로 발표를 시작했다.

"지난주에 저는 별로 좋지 못했어요. 약속시간은 네 번이나 어겼고, 감기에 걸려서 하루에 15시간씩 하기로 했던 공부시간은 지킬 엄두도 못 냈습니다. 겨우 45% 정도 이행했습니다. 그리고 매일 5분씩 하기로 했던 미래설계는 나흘밖에 못했고, 하루 세 번 새벽 6시, 낮 12시, 그리고 밤 9시에 하기로 한 기도 역시 75%에 그쳤습니다. 그리고 길을 다닐 때 호주머니에 손을 넣고 다니지 않겠다고 결심했던 것도 세 번이나 어겼습니다. 매일 하려고 했던 찬물 세수도 두 번밖에 못 했고요…. 성경 읽기는 80%쯤 달성했습니다. 그래서 이번 주 제 성적은 53점입니다. 정신이 좀 해이해진 것 같습니다. 다음 주엔 반드시 70점을 넘기도록 하겠습니다."

학생들은 돌아가면서 진지한 태도로 각자 메모지에 적어 온 것을 발표했다. 그들이 들고 있던 메모지에는 약속시간

지키기, 미래설계, 기도, 찬물 세수, 심지어 호주머니에 손을 넣고 다닌 횟수 등, 각자가 보낸 지난 일주일이 세세하게 분석되어 있었다. 자신이 정한 수칙을 매일매일 얼마나 성실하게 실천했는지를 점수화해서 요일별·항목별로 빈칸을 채워 넣고 평균점수를 발표하는 식이다. 그리고 나서 반성과 결의로 마무리한다.

발표가 끝나자 리더인 상급생과 동석한 대학생 선배가 평균 60점을 넘기지 못한 사람들을 일어서게 하여 눈물이 쏙 빠지도록 혹독한 기합을 주었다. 그리고 다음 주에는 반드시 평균 60점을 넘기겠다는 다짐을 두 번 세 번 받고 또 받았다.

일단 그 모임에 들어가면, 누구나 1년 동안 그런 반성과 다짐의 시간, 결심을 지키지 못했을 경우에는 기합을 받기도 하는 특별한 회합에 매주 참석해야만 했다. 1년 동안 낙오하지 않고 참석하면, 200자 원고지 30매 분량으로 '나의 사명, 나의 일생'이라는 제목의 에세이를 제출해야 하고 에세이가 통과되어야만 수료할 수 있었다. 수료한 사람들은 '세상의 빛과 소금이 되기로 결심한 사람'이라는 뜻을 담은 '광염회' 배지를 받았다.

공부하기도 바빠 죽겠는데 미래설계니 기도니 심지어 호주머니에 손을 넣고 다닌 횟수까지 일일이 세어서 발표하는 모임이라니, 그들을 비웃는 사람들도 많았다. 그리고 중도에 그만둔 사람도 많았다. 그러나 끝까지 우직하게 밀고 나간 사람이 더 많았고, 그렇게 해서 그때 그 에세이에 그렸던 비전, 마음이라는 칠판에 명백하게 새겨둔 그 비전을 현실로 만든 사람이 많다.

어떤 사람은 메이저 방송사의 9시 뉴스 앵커맨을 거쳐 사장이 되었고, 어떤 사람은 장군이 되어 사관학교의 교수부장이 되었는가 하면, 어떤 사람은 그 유명한 '감자탕 교회' 설립에 기여했고, 그들 외에도 수많은 대학교수와 종교지도자가 배출되기도 했다. 그중 한 사람은 그때의 방법을 지금의 정서에 맞게 바꾸어서 '비전스쿨'이라는 교육프로그램을 개발했으며 지금 이 글을 쓰고 있다.

《이기적 유전자》의 저자 리처드 도킨스(Richard Dawkins)에 따르면 유전자가 복제되어 자손에게 전달되듯이 관습, 예의, 예술, 패션, 언어, 노래, 의식과 같은 문화의 전달단위인 밈(Meme)도 복제되어 한 사람의 뇌에서 다른 사람의 뇌 속으로 바이러스처럼 퍼진다고 한다. 비전도 마찬가지다.

같은 비전을 가진 사람들, 당신보다 앞서가는 사람들의 밈을 다운로드 받아라. 한 사람이 꾸는 꿈은 꿈일 뿐이지만 여럿이 함께 꾸는 꿈은 현실이 된다고 했다. 그것은 외로운 나무 한 그루가 아니라 푸른 숲이 되는 방법이고, 빨리 가기보다 멀리 갈 수 있는 방법이다. 결의를 더욱 굳건히 다지기 위한 동맹에 가담하라. 같은 꿈을 가진 사람들이 모인 클럽에 가입하라. 학원에 등록하고, 회원증을 받아라. 모임에 참석하고, 정보를 얻고, 앞서 간 사람들의 코드를 익혀라. 그것이 바로 숲이 되는 최선의 방법이다.

비전의 바이러스를 다운로드 하라

1920년 벨기에 안트워프에서 열린 올림픽 100미터 달리기에서 미국 육상선수 찰리 패덕(Charlie Paddock)은 10.8초의 기록으로 금메달을 목에 걸었다. 유명해진 그는 클리블랜드의 어느 고등학교에서 강연을 했다. 그는 "바로 지금 이 순간 여러분 중의 누군가가 전에 내가 꾸던 꿈, 즉 올림픽에서 금메달을 따리라는 꿈을 가진다면, 그리고 그 꿈을 위해 내가 쏟아부은 만큼의 열정을 쏟는다면, 그가 나와 똑같은 금메달리스트가 되지 말란 법이 어디 있겠습니까?"라고 말했다.

강연을 마친 찰리 패덕이 강당을 빠져 나오기 직전 한 소년이 달려와 "선생님, 제가 지금부터 그 꿈, 올림픽 100미터 달리기 금메달리스트가 되는 꿈을 품는다면, 저도 선생님처럼 꿈을 이룰 수가 있을까요?" 하고 물었다. 찰리 패덕이 소년의 어깨를 두드려주고 악수를 하면서 격려했다. "물론이다. 애야, 너는 할 수 있다. 이렇게 나에게 와서 달을 건넬 만큼 용기가 있다면 너는 분명히 해내고 말 사람이다."

그 젊은이는 1936년 베를린 올림픽에서 찰리 패덕의 기록을 0.5초 단축하며 세계 신기록을 갱신하고 육상부문 4관왕이 되었다. 그가 바로 올림픽 영웅 제시 오웬즈(Jesse Owens)였다. 그런데 그 제시 오웬즈가 고향에 돌아왔을 때 또 다른 소년이 오웬즈에게 다가와 "아저씨, 저도 아저씨가 이룬 꿈을 이루고 싶어요. 제가 감히 그런 꿈을 품어도 될까요?"라고 물었다. 제시 오웬즈는 자신이 찰리 패덕을 만났을 때를 회상하며 "물론이다. 그렇게 하여라. 그 꿈을 위해 네게 있는 모든 열정을 아낌없이 쏟아붓는다면 너는 분명히 해낼 수 있다."라고 말했다. 결국 그 소년, 해리슨 딜라드(Harrison Dillard)도 1948년 런던 올림픽에서 금메달을 목에 걸었다.

1958년, 미국 유학생활을 하던 이원설은 자신의 인생 여정과 미래의 모습을 계획하면서 미래 이력서를 작성했다. 그의 미래 이력서에는 1961년 한국의 한 대학에서 교수생활을 시작하여 1980년에는 학장, 그리고 1992년에는 총장이 되어 젊은 세대들에게 비전을 심어줄 것이라고 적혀 있었다.

그러나 그가 실제로 학장이 된 것은 미래 이력서에 적혀 있는 계획보다 11년이나 앞당겨진 1969년이었고, 한남대학교의 총장이 된 것은 7년이 앞당겨진 1985년이었다. 뿐만 아니라 2003년에는 다시 숭실대학교의 재단이사장으로 취임했다. 요컨대 그는 비전의 사람이다.

그가 단과대학 학장으로 재직하던 시절, 나는 그 대학의 조교였다. 나는 하루에도 서너 차례씩 학장실을 드나들었다. 조교라서가 아니라 특별한 용무도 없이 무턱대고 찾아가 그에게 말을 걸었다. 그랬더니 그는 내가 당신을 무척 존경하는 줄로 알고 나에게 많은 관심을 보여주었다. 하지만 사실 내가 진짜로 존경(?)한 사람은 그곳에 있던 여비서였다. 그녀는 지금 30년 넘게 나와 살고 있다. 어찌 되었든 그렇게 해서 나의 사부가 된 이원설 박사는 우리 결혼식 때 주례를 서주었고 취직할 때는 신원보증도 해주었다. 그러다 보니 그가 이사할 때면 나는 새벽같이 달려가 이삿짐도 날라주고, 논문이나 책을 쓸 때면 함께 밤을 새며 원고교정도 봐드렸다. 설날엔 세배 가고 추석날엔 놀러갔다. 끝없는 접촉이 이루어졌다. 함께 다니며 함께 먹고 함께 목욕도 하고 수없이 많은 이야기들을 나누었다.

그런데 정작 그 당시에는 몰랐던 사실이 있다. 그의 몸속에 있던 비전의 바이러스가 나에게 감염되고 있다는 사실을. 그것은 실로 나에게는 엄청난 행운이었다. 그때 그가 전염시켜준 비전의 바이러스들이 30년에 걸쳐 내 몸속에서 성숙되어 지금에 이르러서는 나도 그처럼 비전의 열병을 앓게 된 것이다.

당신도 제시 오웬즈, 찰리 패덕처럼 비전 있는 사람에게 다가가라. 만나고, 악수하고, 질문도 던져보고 기념사진도 찍고 사인도 받아두어라. 그들로부터 비전의 바이러스를 다운로드 하라.

지금 당장 시작하라

린다 필드(Rinda Field)의 《자존심을 세워라》에는 이런 이야기가 나온다.

한 아이가 엄마에게 달려와 들뜬 목소리로 말했다.

"엄마, 나 지금부터 내 방에다 멋진 인형극 극장을 꾸밀 거예요. 그런데 엄마가 나무판자 하고, 못, 망치, 톱 좀 찾아주세요. 무대 커튼으로 쓸 천도 좀 있어야 해요. 빨간 색으로요. 아참, 꼭두각시로 쓸 인형도 있어야 되는데…. 그리고 또 잡아당기는 줄도 있어야 하고…. 음, 그리고…."

샘솟는 아이디어를 주체할 수 없다는 듯이 아이는 눈동자를 반짝이며 이야기를 계속했다. 아이의 비전은 너무나도 명확했다. 그러나 재료를 챙겨준 뒤 30분쯤 지났을까? 축구공을 들고 밖으로 나가는 아이에게 엄마가 물었다.

"어디 가니? 인형극 극장은 다 되었니?"

현관문을 열면서 아이가 대답했다.

"응, 판자가 너무 커서 톱으로 잘라야 하는데, 힘도 들고 오래 걸릴 것 같아서…. 그래서 축구 좀 하고 쉬었다 할 거예요."

그 아이의 방에는 인형극장 재료들이 몇 달째 공사를 기다리고 있다.

관속에 드러누워 이번 생을 돌아본다면 무엇이 가장 후회스러울까? 도전했으나 실패했던 것, 시도했으나 마음대로 되지 않았던 것, 과연 그런 것들이 후회로 남을까? 인생의 막바지에서 우리는 '실패한 것'이 아니라, '원했으나 한 번도 시도하지 않았던 것'들을 후회한다. 어제라는 것은 이미 써버린 지폐이고, 내일은 아직 발행되지 않은 채권이며, 오늘만이 우리 손에 쥐어진 현금인 셈이다. 이미 써버린 어제가 다 무슨 소용이며, 아직 오지도 않은 내일을 걱정해봐야 뭐가 달라지느냐는 말이다.

소리치고, 불태우고, 파묻고, 날려버리고, 낯선 곳으로 옮겨가고, 먹는 것과 입는 것과 가는 곳을 바꾸고, 등록하고, 설치하고, 작동시키는 이 모든 것들이 아무리 황금 같은 내일을 가져다준다 할지라도 시작하지 않으면 아무런 의미가 없다. 내일이 아니라 오늘 시작하라. 순서는 아무래도 좋다. 내일은 너무 늦다. 현명한 사람은 내일이라는 공수표를 믿지 않는다. 영원히 일장춘몽에 빠져 살고 싶지 않다면, 내일이라는 '신기루'에서 이제 그만 빠져나와야 한다.

취직만 하면, 결혼만 하면, 돈이 조금만 더 모이면, 아이가 대학에 합격하기만 하면, 아이들 결혼만 시키고 나면… 등등. 꼬리에 꼬리를 물고 나타나는 문제들, 과연 그 문제들이 끝나는 날이 오긴 올까? 해결해야만 하는 모든 문제가 사라지는 그 순간은 아마도 관 뚜껑이 닫히는 순간일 것이다. '이 문제만 해결되고 나면 그때 시작하겠다'고 말하는 것은 영원히 시작하지 않겠다는 말과 같다. '내일부터 다이어트를 시작하겠다'고 말하는 사람치고 실제로 다이어트에 성공했다는 사람은 한 명도 못 봤다.

아직은 때가 아니야, 언젠가 기회가 올 거야, 언젠가 내 모습도 달라질 날이 올 거야, 이대로 끝내진 않을 거야, 하는 식으로 넘어가지 말라. 그러다 보면 당신의 묘비명도 조지 버나드 쇼(George Bernard Shaw)의 것과 다를 바가 없다.

"우물쭈물하다가 내 이럴 줄 알았지."

이 책을 다 읽고 나서 시작하지 말고, 지금 당장 시작하라. 훗날 우리는 '실패'가 아니라 '시도하지 않았던 것'을 후회할 것이다.

할 일이 생각나거든 지금 하십시오.
오늘 하늘은 맑지만 내일은 구름이 보일는지 모릅니다.

어제는 이미 당신의 것이 아니니
지금 하십시오.
친절한 말 한마디가 생각나거든

지금 하십시오.

내일은 당신의 것이 안 될지도 모릅니다.
사랑하는 사람이 언제나 곁에 있지는 않습니다.

사랑의 말이 있다면 지금 하십시오.
미소를 짓고 싶다면 지금 웃어주십시오.
당신의 친구가 떠나기 전에
장미가 피고 가슴이 설렐 때
지금 당신의 미소를 보여주십시오.
불러야 할 노래가 있다면 지금 부르십시오.

당신의 해가 저물면
노래 부르기엔 너무나 늦습니다.
당신의 노래를
지금 부르십시오.

— 찰스 해돈 스펄전(Charles Haddon Spurgeon)

돌파
Exceed

평범과 비범의 임계점을 훌쩍 넘어서라

2000년 11월 어느 날, 출판사 직원으로부터 전화가 걸려왔다.

"지금 동아일보를 보세요. 난리 났어요! 《아들아, 머뭇거리기에는 인생이 너무 짧다》 주문전화 때문에 회사가 벌집 쑤셔놓은 것 같아요."

나는 터질듯 부풀어 오르는 가슴을 내리 쓸면서 신문 가판대로 달려갔다. 과연! '아들아', '강헌구', '비전스쿨' 같은 대문짝만한 글자들이 내 눈을 찌르고 들어왔다. 나는 눈을 감았다. 지난 5년 세월이 주마등처럼 지나갔다.

아침마다 산에 오르며 정신을 가다듬던 장면, 느슨해지지 않기 위해 '할 일 목록'을 빼곡히 적어 그 종이쪽지를 꼬깃꼬깃 해질 때까지 주머니에 가지고 다녔던 기억, 비전이라는 단어가 나오는 책이라면 단 한 권도 놓치지 않겠다며 서점이며 도서관, 심지어 미국까지 날아가 석 달 굶은 사람처럼 돌아다녔던 일, 영하 10도 아래로 떨어진 강추위 속에서 학생들과 사명선언문을 작성하던 일, 크고 작은 실수와 실패 때문에 학생모집에 어려움을 겪던 일, '지금 국영수 공부할 시간도 부족한데, 뭐 그런 엉뚱한 걸로 아이들에게 바람 집어넣느냐'고 핀잔 받던 일….

그러나 나는 도전했다. 5년 동안 가계부는 매달 100만 원도 넘게 적자가 나고 있었지만, 비전이라는 그 한 단어에 관한 한 누구보다 더 많은 자료를 가지고 있는 사람이 되기 위하여, 누구보다 더 할 말이 많은 사람이 되기 위하여, 더 자세히 더 명쾌하게 설명하기 위하여 나는 투자하고 또 투자했다. 가진 것은 물론이요, 빌려온 모든 것을 내놓은 셈이다. 그러다 보니 이제 어딜 가도 "최고야." 하는 소리를 듣기 시작했다.

그 즈음 나는 경기방송과 극동방송에 비전스쿨 이야기를 전파하는 '21세기 꿈터'라는 방송을 해보자고 제안했다. 방송국 측에서는 처음엔 그런 프로는 처음이라며 주저했지만, 곧 제안이 받아들여졌고, 나는 '드디어 기회가 왔다!'고 생각하고 그간 축적해온 이야기보따리를 신나게 풀어놓았다. 그냥 육감으로도 범상치 않은 반응이 느껴지는 듯했다. 내용도 좋고 목소리도 좋다는 것이다. 더욱 재미있고 유익한 방송을 하기 위해서, 더 많은 자료를 모으고 더 재밌게 편집했다. 정말이지 '미치도록' 잘하고 싶었다.

내친 김에 나는 그 방송원고를 인터넷 강의용으로 편집했다. 대학들의 교양과목으로 개설해보면 어떨까 하는 생각이 들었기 때문이었다. 그러나 대학들의 반응은 부정적이었다. 나는 "이까짓 고비로 포기하고 낙담할 거라면 처음부터 시작도 하지 않았다"고 다짐하며 호시탐탐 다른 기회를 엿보았고, 눈에 불을 켜고 루트를 찾아다녔다. 그러던 중 밑져야 본전이라는 심정으로 출판사에 원고를 보냈다.

그런데 오늘…, 출판사로부터 이런 전화를 받은 것이다. 주문폭주로 업무가 마비될 지경이란다. 너무나 벅차고 충격적인 말이었다. 책에 대한 독자들의 반응은 가히 폭발적이었다. 신문광고를 본 사람들, 내 이름을 아는 많은 사람들이 직접 나에게 전화를 걸어오기도 했다. 그리고 책을 본, 더 많은 사람들이 이메일을 보내왔다. 자신들이 다니는 대학, 회사, 교회를 방문해달라는 요청이 주체할 수 없을 정도로 오기 시작했다. 이메일을 열 때마다 휴대전화가 울릴 때마다, 행복한 두근거림을 만끽했다.

그러나 나는 내 안의 또 다른 나에게 말을 걸었다.

"이건 시작일 뿐이지?"

또 다른 내가 호령했다.

"계속 전진, 전속력 전진!"

촉망받는 사이클 선수 랜스 암스트롱(Lance Armstrong)은 겨우 25세의 나이에 고환암 판정을 받았다. 하지만 그는 고환 제거수술과 뇌수술, 고통스런 항암치료를 받은 후 다시 페달을 밟았고, 그 후 '투르 드 프랑스'에 나가 사상 첫 대회 7연패라는 위업을 달성한다.

"암이 내 육신을 바꾸어놓은 것은 아니다. 다만 내 정신을 바꿔놓았을 뿐이다."라고 말한 그는 놀라운 정신력과 불굴의 의지로 많은 사람들을 감동시켰다. 어떤 일에서든 한계까지 밀어붙이는 의지와 스스로 만들어가는 희망, 온몸을 부숴버릴 듯한 노력으로 '암'이라는 인생의 장애물을 돌파해낸 것이다.

비전을 향해 가는 길도 마찬가지다. 최종목적지에 도달하기 위해서는 여러 가지 장애물을 극복해야 하고, 어느 시점에는 돌파해내야만 하는 옹벽을 만나게 된다. 이때가 바로 한 단계 도약할 수 있는 돌파의 시기다. 사상 최대의 상륙작전을 개시하라. 당신이 돌파해야 할 '노르망디'는 어디인가? 그곳에 버티고 있는 저항군의 정체는 무엇인가? 디데이(D-day)는 언제인가?

유전자 스위치를 ON으로!

제2·제3의 호흡, 생명의 예비군, 그 고마운 군대를 총출동시켜라.
꺼져 있는 90%의 유전자 스위치가 당신의 가능성이다.

2차 세계대전이 막바지로 치닫던 1944년 6월, 연합군의 노르망디 상륙작전은 말 그대로 '지상 최대의 상륙작전'이었다. 연합군이 프랑스 북부 해안에 상륙하여 교두보를 확보할 경우 대규모 병력이 프랑스를 지나 나치 독일의 심장부까지 진격할 수 있었고, 이것은 곧 연합군의 승리로 이어질 터였다. 때문에 이를 막으려는 에르빈 롬멜(Erwin Rommel) 장군과 어떻게든 돌진하려는 드와이트 아이젠하워(Dwight Eisenhower) 장군 사이의 작전 싸움은 그야말로 불을 뿜는 듯 치열했다.

6월 6일 여명, 어스름한 새벽빛 속에 연합군의 공격이 시작되었다. 영국의 기습부대가 노르망디 일대의 주요 교량을 점거하고 나치의 통신망을 두절시키는 동안 미국의 낙하산 부대가 상륙을 시도한 것이다. 결국 연합군은 노르망디 해안 다섯 곳에 상륙했다. 그중 네 곳은 쉽게 점거했지만, '오마하'에 상륙하던 연합군은 독일군의 거센 저항에 부딪혀 고전했다. 하지만 해질녘 즈음엔 해안지역 다섯 곳을 모두 확보할 수 있었다. 이 작전은 2차 세계대전의 승패에 쐐기를 박는 기념비적인 성공작이 되었고, 이로써 연합군은 독일 본토로 진격하기 위한 본격적인 작전에 돌입할 수 있었다.

해안교두보는 적지로 진격해나가기 위한 발판이 되는 동시에 유사시의 퇴로가 된다. 그런 만큼 전쟁에서 해안교두보를 확보하는 일은 매우 중요하다. 한국전쟁에서도 맥아더(Douglas MacArthur) 장군의 인천 상륙작전이 성공하지 못했다면 승패의 양상은 많이 달라졌을 것이다. 연합군이 평양을 지나 압록강까지 파죽지세로 밀고 올라갈 수 있었던 것은 인천이라는 해안교두보를 확보했기 때문이었다고 해도 과언이 아니다.

살다 보면 누구나 '돌파'해야 할 벽과 마주친다. '성장'이라는 것은 완곡한 언덕을 천천히 타고 올라가는 것이 아니라, 한 칸 한 칸 계단을 올라가는 모양이기 때문이다. 무슨 일을 하든지 뚫고 올라가야 하는 '돌파'의 지점이 주기적으로 나올 수밖에 없다. 많은 사람들이 처음 회사에 입사하면, 3개월, 6개월, 1년, 3년째가 되는 시기에 고비가 찾아온다고들 이야기한다. 그 시기가 바로 한 계단 올라가야 하는 돌파의 지점이란 소리다.

계단을 오르거나 모퉁이를 돌면 거기에 무엇이 기다리고 있을지 아무도 모른다. 그 변화의 지점 앞에서 두려움을 느끼거나 머뭇거리는 것은 어쩌면 당연한 일인지도 모른다.

교두보라는 것은 최종적인 목적지까지 가기 위한 발판이자 중간목표가 되는 특정한 돌파의 포인트다. 가수에겐 빌보드차트 순위에 올라가는 것이나 앨범 판매고를 몇 백만 장 이상 올리는 것이 교두보가 될 수 있다. 방송인에겐 '김미화의 U'처럼 자기 이름을 내건 프로그램을 해보는 것, 저술가에겐 유명서점의 '금주의 베스트셀러' 목록에 오르는 것이 더 큰 꿈을 향해 나가는 길에 뚫어야 할 중간목표가 된다.

마찬가지로 운동선수에겐 국가대표로 선발되는 것, 골퍼나 바둑기사에겐 '프로'의 명칭을 따는 것, 학자에겐 학위를 받는 것, 의료인에겐 의사면허를 따는 것, 발명가에겐 상업적으로 히트할 발명특허를 내는 것, 기업가에겐 첫 히트상품을 출시하는 것, 기술인에겐 기술사 자격증, 법조인이나 관료에겐 고시합격, 정치인에겐 첫 당선, 군인에겐 장군 진급, 그리고 회사원에겐 중역이 되는 것 등등, 말하자면 이 모든 것이 해안교두보다.

그러나 교두보를 구축해야 하는 전략적 요충지점엔 반드시 완강한 저항군이 버티고 있게 마련이다. 돌파해야 할 단단한 옹벽이 있다는 말이다. 지식의 벽, 기술의 벽, 기량의 벽, 편견의 벽, 사고력의 벽, 자기극복의 벽, 신체조건의 벽, 계급의 벽, 출신의 벽, 그리고 자본의 벽 등, 세계를 평범과 비범으로 갈라놓는 셀 수 없이 많은 벽들이 해안과 산등성이와 공중에 진을 치고 우리를 시험한다.

처음 보는 무시무시한 옹벽에 놀라거나 당황하거나 의기소침해지는 건 어쩌면 인지상정인지도 모른다. 하지만 우리의 머릿속에는 '나에게 어울리는 미래'가 어엿하게 자리 잡고 있고, 그 꿈을 이루기 위해선 어떻게든 그 저항선을 돌파해야 한다. 그 벽이 바윗돌로 만들어졌는지, 계란껍질로 만들어졌는지는 직접 가서 만져보기 전에는 아무도 모른다. 그렇다 해도 일단 한 가지는 먼저 준비를 하고 달려들어야 한다. 그것은 바로 유전자 스위치를 ON으로 올리는 일이다.

유전자 스위치를 올리고 나면 내가 무엇을 해야 하는지가 똑똑히 보인다. 지식의 임계질량을 돌파하고, 실패를 성공으로 둔갑시키고, 플러스 울트라(Plus Ultra)의 치열함으로 돌파구를 여는 법이 보인다는 말이다.

꺼져 있는 90%의 유전자 스위치를 켜라

1984년 싱가포르에서 열린 국제 리더십훈련 워크숍에 참가한 적이 있다. 워크숍이 진행되던 어느 날 아침식사 시간이었다. 테이블에는 인도, 푸에르토리코, 필리핀, 싱가폴 등 영어권 국가에서 온 일고여덟 명의 대표들이 앉아 있었다. 진행요원이 영어로 말했다.

"오늘 아침식사 기도는 한국에서 오신 강헌구 교수가 해주시겠습니다."

잠깐 동안 진공 같은 적막이 흐른 뒤 나는 서툰 발음을 이어갔다.

"My Lord, who art in heaven, praised be thy name…."

기도가 끝났을 때 옆에 있던 다른 한국인 참가자들이 물었다.

"교수님은 평소에도 기도를 영어로 합니까?"

"아니오, 영어로 기도해본 적은 한 번도 없습니다."

"그런데 어떻게 그렇게 술술 이어갈 수 있습니까?"

"아, 그건 주기도문이었는데요."

"어, 맞아! 그랬구나!"

지금껏 한 번도 해보지 않은 일이었다. 갑작스럽게 영어로 기도를 해야 되는, 그 난감한 순간에 나는 내가 주기도문을 영어로 외우고 있다는 사실을 기억해낸 것이다. 그리고 그 주기도문에서 몇 단어만 다른 걸로 바꾸면 될 거라고 짐작하곤 그대로 해본 것뿐이었다. 주기도문의 시작부분인 'Father in heaven'을 'My Lord'로 줄이고, 'hallowed'를 'praised'로 바꿨다.

그 순간 나에게 집중된 관심, 스포트라이트가 내 속의 무언가를 깨워 난관을 돌파할 수 있게 한 것이다. 그 순간 번뜩 떠올랐다. '이게 바로 유전자 스위치구나!' 언젠가 책에서 본 '유전자 스위치'가 켜지는 경험을 한 것이다.

평소에 영어기도를 해본 적도 없었고 해야 할 필요도 없었으니, 당연히 영어로 기도를 할 수 있으리라고는 생각해본 적이 없었다. 만약 한 달 전에 영어기도를 준비해달라는 부탁을 받았다면, 아무리 영어에 자신이 있어도 아마 한 달 내내 '이거 은근히 스트레스네…' 하면서 투덜겠을지도 모른다. 하지만 내 이름이 호명된 그 순간, 나의 언어구사 유전자 스위치에 전원이 '딸깍' 하고 켜지면서 나도 몰랐던 나의 숨겨진 능력이 발휘되었던 것이다. 어쩌면 이 책을 읽고 있는 당신도 지금까지 무수히 많은 유전자 스위치를 OFF로 꺼놓은 채 지내고 있는지도 모른다.

꺼져 있는 당신만의 유전자 스위치를 올려라. 줄리어스 시저처럼 루비콘 강을 건너려면, 아이젠하워처럼 노르망디를 돌파하려면, 먼저 유전자의 스위치를 ON으로 돌려놓고 시작하라.

유전공학 분야의 세계적인 석학 무라카미 가즈오(村上和雄)는 《스위치 온》이라는 책에서 모든 유전자에는 토글방식(Toggle, 한 번 조작할 때마다 ON과 OFF, 혹은 설정과 해제가 반복되는 방식)으로 끄고 켤 수 있는 ON-OFF 기능이 있다고 주장했다. 마치 전등 스위치나 컴퓨터 키보드의 대소문자를 바꿔주는 'Caps Lock' 버튼처럼 말이다. 그런데 이 스위치는 사용자의 의지와 상관없이 자동으로 켜지거나 꺼지는 것이 특징이다. 즉 필요하면 저절로 켜졌다가 더 이상 필요가 없어지면 저절로 꺼진다.

우리 몸은 약 60조 개의 세포로 이루어져 있고, 각각의 세포 속에는 무려 30억 개의 화학문자로 구성되어 있는 유전자 정보가 들어 있다. 그리고 그 30억 개의 유전정보는 1,000쪽짜리 책 3,000권 분량의 정보량과 같다니 정말 어마어마한 양이 아닐 수 없다. 하지만 이렇게 엄청나게 많은 유전자들 중에서 실제로 작동하는 것은 10%에 불과하고 나머지 90%는 모두 OFF 상태로 꺼져 있다는 것이 학자들의 말이다. 결국 인간의 잠재력이란 꺼져 있는 90%의 유전자들을 어떻게 ON으로 바꿔 사용할 것인가에 달려 있다.

유전자 스위치를 어떻게 켜고 끄는지는 아직 정확히 밝혀진 바는 없으나, 유전자의 ON-OFF 기능에 대해서 증명해준 실험이 있었다.

30년 전에 프랑스의 파스퇴르 연구소에서 다음과 같은 실험을 실시했다고 한다. 포도당만 먹는 줄 알았던 대장균에게 포도당은 일체 주지 않고 젖당만 주었더니 젖당을 먹고도 증식을 하더라는 것이다. 실험의 목적은 대장균이 본래 젖당을 소화하는 능력이 있었던 것인지, 아니면 어쩔 수 없는 상황에서 그런 능력을 터득했는지를 확인하는 것이었다. 조사결과 대장균은 젖당을 소화하는 능력을 가지고 있었지만, 포도당을 먹이로 주었을 때는 그 능력을 OFF 상태로 꺼두고 쓰지 않았던 것뿐이었다. 결국 그 능력은 새롭게 터득한 것이 아니라 원래 가지고 있었던 능력이었던 것으로 밝혀졌다.

사람도 마찬가지다. 한 사람의 유전자 속에 암을 일으키는 유전자와 암세포의 증식을 억제하는 유전자가 동시에 있을 때, 암을 일으키는 유전자가 OFF 상태라면 암은 발병하지 않는다. 암세포가 발견된 상태라 하더라도 암세포 증식을 억제하는 유전자 스위치가 ON으로 켜지면 암세포의 증식이나 전이를 늦출 수 있다. 때로는 암을 일으키는 유전자를 OFF로 바꾸어 암세포를 소멸시킬 수도 있다.

마음으로 유전자 스위치를 바꿔 병을 치유한 기적 같은 얘기는 결코 허무맹랑한 얘기가 아니다. 서구에서 각광받고 있는 심신의학(Body Mind Therapy) 역시 몸과 마음을 조화시켜 질병을 치료하고 예방하는 것으로, 인체가 가지고 있는 자연치유력, 즉 치유의 유전자를 ON으로 바꾸는 것에 관한 대체의학이다. 이미 많은 과학자들은 마음가짐이나 사고방식이 유전자와 깊은 관계를 가진다는 사실을 다양한 실험과 임상경험을 통해 증명해내고 있다.

'스위치 ON'이 깨우는 초인적인 능력

베트남 전쟁 당시, 미국인 병사 네 명이 작은 지프차를 타고 정글 속을 달리고 있었다. 차 한 대가 겨우 빠져나갈 만한 좁은 길을 어렵사리 가고 있는데, 갑자기 베트콩의 공격이 시작되었다. 병사들은 황급히 차에서 뛰어내려 일단 정글에 몸을 숨기고, 총탄소리가 잠잠해질 때까지 기다렸다. 이 상태로 계속 차를 타고 앞으로 가자니 적군을 만나게 될 것이 뻔하고, 그렇다고 차를 돌려 기지로 돌아가자니 길이 너무 좁아서 도저히 차를 돌릴 수가 없는 상황이었다.

한마디로 진퇴양난의 순간이었다. 잠시 후 베트콩의 총포 소리가 조금 멀어졌을 때쯤 네 명의 병사는 누가 먼저랄 것도 없이 지프차로 냅다 달려가서, 각자 차의 네 귀퉁이를 잡고 번쩍 들어 올려서 차를 반대방향으로 돌렸다. 도망칠 수 있는 방법은 그것뿐이었다. 그러고는 차에 올라타 뒤도 안 돌아보고 달리기 시작했다. 그러자 뒤에서 다시 베트콩의 총알이 날아왔지만, 그들에게는 1초라도 빨리 빠져나가야 한다는 생각밖에 없었다.

결국 무사히 부대로 돌아온 그들은, 안도의 한숨을 쉬기도 했지만 자신들이 어떻게 그 무거운 지프차를 들 수 있었는지

의아할 뿐이었다. 시험 삼아 다시 한 번 차를 들어보았지만 차는 흔들거리기만 할 뿐 꿈쩍도 안했다. 아까는 번쩍 들어 올렸는데, 이게 어떻게 된 일일까?

스위치 ON의 효과를 설명하는 잘 알려진 이야기다. 아마도 당신은 '차에 깔린 자식을 살려내기 위해서 차를 번쩍 들어 올렸다는 엄마', '애완 고양이를 꺼내기 위해 장롱을 옮겼다는 할머니', '막다른 골목에 쫓겨 엉겁결에 담을 뛰어넘었는데 다시 가보니 도저히 엄두가 안 나더라'는 둥, 다급한 순간 초인적인 힘을 발휘한 이야기를 한 번쯤 들어보았을 것이다. 어쩌면 당신도 그러한 경험이 있는지 모르겠다. 영화 속의 슈퍼맨이나 원더우먼이 괜히 나왔을 리가 없지 않은가? '초인적인 힘'을 발휘한 사람들은 모두, 결정적인 순간 근육의 힘을 조절하는 유전자 스위치가 OFF에서 ON으로 올라갔던 것이다. 포도당이 없을 때는 젖당으로라도 생명을 유지시켜야 했던 대장균처럼, 생명이 위협받는 긴급한 상황에는 유전자 스위치들이 저절로 알아서 상황에 대처한다. 마찬가지로 비상사태가 끝났을 때는 더 이상 ON 상태를 유지할 필요가 없기 때문에 다시 OFF로 돌아와서 에너지 낭비를 막는 것이다.

유전자 스위치, 어떻게 ON으로 바꿀 것인가?

살아 있는 물고기를 수송할 때 가장 생생하고 팔팔하게 유지하는 방법이 뭔지 아는가? 커다란 수족관? 차가운 얼음? 신선한 공기와 물? 천만에, 아무리 좋은 조건을 마련해줘도 물고기들은 이미 자신이 사로잡혔다는 것을 알기 때문에 펄펄 뛰는 활어의 생명력을 잃고 만다. 개중에 성질 급한 놈은 도중에 죽기도 한다. 그렇다면 어떻게 해야 할까?

그 비법은 바로 그 물고기를 잡아먹고 사는 천적 물고기를 같이 넣어 수송하는 것이다. 천적 물고기를 투입하면 물고기들이 잡아먹히지 않으려고 계속 발버둥치기 때문에 죽지도 않을뿐더러 팔팔하게 헤엄쳐 다닌다. 어떻게든 생존해야만 한다는 강렬한 욕구가 그들의 유전자 스위치를 ON으로 만든 셈이다. 끊임없이 천적을 피해 도망가야 하는 상황, 즉 무조건 해야만 하는 상황에서 유전자 스위치는 자연스럽게 ON으로 올라간다.

반대로 생명을 지키는 유전자 스위치가 OFF로 내려가는 경우도 있다. 죽음이 코앞에 닥쳤는데도 본능적인 유혹에 굴복해서 파멸의 구렁텅이에 빠져버리는 늑대가 그렇다. 에스

키모 인들은 늑대를 잡을 때 칼을 잘 갈아서 날카롭게 만든 다음 거기 동물의 피를 흠뻑 묻혀 얼린다고 한다. 그리고는 날카로운 칼날이 위쪽을 향하도록 땅속에 칼의 손잡이를 박아놓는다. 그러면 피 냄새를 맡은 늑대들이 와서 칼날을 핥는다. 얼어서 무감각해진 늑대의 혓바닥은 어느새 날카로운 칼날에 혀를 베이게 되고, 늑대는 자신의 피 맛에 끌려 더욱 더 빠른 속도로 칼날을 핥는다. 죽음에 이를 때까지 말이다. 피 냄새에 이끌려 이성을 잃은 순간, 유전자 스위치도 함께 OFF가 된 것이다.

막다른 골목에서 우리는 제2·제3의 호흡, 즉 '생명의 예비군'을 동원시킬 수 있다. 열정과 집념, 그리고 욕망이 합쳐져 편성된 그 군대는 우리의 잠재력을 깨우고 계발시킨다. 그래서 전에 보지 못하던 것을 보게 하고, 듣지 못하던 것을 듣게 하고, 느끼지 못하던 것을 느끼게 하며, 내지 못하던 힘을 내게 한다. 그 고마운 군대, 생명의 예비군이 한번 출동하기만 하면 우리가 돌파하고자 하는 교두보의 저항선을 일거에 무너뜨리는 용맹을 자랑한다. 그 강력한 우군을 동원하려면 유전자의 스위치를 ON으로 올려야 한다.

극한 상황에 처하면 우리 몸은 가장 효율적인 방식으로 생명을 유지한다. 어려운 일이 닥치면 OFF였던 유전자가 ON

으로 바뀌는 것이다. 그렇다면 유전자 스위치를 ON으로 올리는 방법은 무엇일까?

  우선, 하지 않으면 안 될 상황으로 자신을 내모는 것이다. 무언가를 하기 전에 미리 주변 사람들에게 목표를 말하고 대중에게 발표하라. 가능하면 부담스럽고 어려운 사람들에게 알려라. 혹시라도 나중에 목표를 지키지 못했을 때, 가장 크게 질책을 받고 가장 많이 부끄러울 만한 사람에게는 더더욱 빼놓지 말고 주지시켜라.

  이것은 조금 더 강압적인 방식으로 자기 자신과 약속하는 것이다. 그리고 자신에게 부과하는 일종의 징계다. 목표를 달성하지 못했을 때 당해야 하는, 혹은 감수해야 하는 상황을 최대한 고통스럽게 만들어놓는 것이다. 들이는 노력과 수고보다 실패했을 때의 고통이 훨씬 크다면 필사적으로 목표를 달성하기 위해 애쓸 것이다. 인간은 원래 심리적이든 정신적이든 고통을 피하는 쪽으로 집중하게 마련이다. 또한 유전자는 자신을 보호하기 위해 존재한다. 때문에 실패 후에 당할 고통을 피하려고 유전자들은 담합도 불사하며 서로서로를 ON으로 유지시켜줄 것이다.

다음으로는 좋아하는 일을 하는 것이다. 자신이 좋아하는 일을 하면 유전자들이 깨어난다. 당신이 좋아하는 일은 당신의 유전자도 좋아하기 때문이다. 하기 싫은 일은 아무리 쉬운 일이어도 능률이 오르지 않고 집중력도 생기지 않는다. 반대로 좋아하는 일은 어려움도 즐거움이 될 뿐만 아니라, 힘들고 어려울수록 오히려 도전의식과 자신감이 커진다. 그리고 그 일을 해내면 훨씬 더 기쁘고 자랑스럽다. 좋아하는 일을 할 때는 온몸의 뼈와 근육과 세포는 물론이고 감정, 지식, 지능 등 모든 유전자가 깨어나 함께 춤을 춘다. 좋아하는 일을 할 때는 어깨가 뻐근한 줄도 모르고 오랫동안 몰입해서 할 수 있는 이유가 바로 그런 것이다. 집중해서 할 수 있으니 전문성도 개발되고, 하면 할수록 잘하게 되는 선순환에 접어든다.

지식의 임계질량을
돌파하라

지식이 임계점을 돌파하여 '탁' 하고 터지는 순간 완전히 새로운 우주가 눈에 들어온다. 머릿속에서 지식의 빅뱅이 일어나게 하라.

물은 99도에서는 절대 끓지 않는다. 정확히 100도가 되어야 끓는다. 물을 수증기로 바꿔놓는 것은 바로 그 결정적인 1도의 차이다. 100도가 임계점이다. 세상의 모든 물질에는 이러한 임계점이 있고, 하나의 상태가 다른 상태로 변하기 위해서는 반드시 임계점을 넘어야 한다.

물이 끓는 것도 그렇고, 어느 날 갑자기 말문이 터지듯이 어학실력이 느는 것도 그렇다. 자전거를 처음 배울 때도 한참 동안 균형을 못 잡고 쩔쩔매다가도 어느 순간 방법을 터득한다. 이처럼 정점에 도달하는 데까지는 막막하고 두려운 상태로 오랜 시간을 견뎌야 하지만, 결국 임계점에 다다라 '탁'

하고 터지는 순간 완전히 새로운 차원이 보인다는 것이다. 껍질을 깨고 나오는 데도 임계치까지 힘이 가해져야 한다.

'인디언 기우제'라는 말이 있다. 미국 애리조나 사막지역의 호피 인디언들이 기우제를 지내기만 하면 반드시 비가 내린다는 데서 나온 말이다. 어떻게 기우제만 지내면 무조건 비가 올 수 있을까? 이거야말로 노벨상감, 아니 천지가 개벽하고도 남을 일 아닌가? 그런데 정말로 확률 100%란다. 그 비결이 뭔지 아는가? 비가 내릴 때까지 언제까지고 쭈~욱 기우제를 지내기 때문이란다.

수소폭탄이 핵반응을 일으키기 위해서는 일곱 개의 원소 봉이 필요하다고 한다. 그런데 여섯 개의 원소 봉을 집어넣을 때까지는 원자로 안에서 아무런 변화도 일어나지 않는다. 그러다가 일곱 번째 원소 봉이 들어가면 비로소 원자로 안에서 핵반응이 일어나면서 어마어마한 에너지가 분출되어 나오기 시작한다. 이처럼 핵분열 연쇄반응을 유지할 수 있는 최소질량을 가리켜 '임계질량'이라고 한다.

그러므로 인정하고 싶진 않지만 '노력한 만큼 결과가 나온다'는 말은 틀린 말이다. 그게 아니라 '임계점까지 노력해야만 결과가 나온다'고 해야 맞을 것이다. 99도에서 멈추는 사람은 아무리 노력해도 성공할 수 없다. 단 1도가 모자라서 0도부터 99도까지 끌어올리느라 고생한 것이 모두 물거품이 된다. 옆에서 보기에도 안쓰러울 정도로 너무나 열심히 노력하건만, 노력에 비해 결실이 없는 사람들의 문제는 다름 아닌 임계점에 다다르지 못했다는 것이다. 1미터만 더 파보았더라면 어마어마한 금맥을 찾을 수 있는데 바로 직전에 포기하는 사람, 딱 한 번만 더 얘기했더라면 상대방의 마음을 돌릴 수가 있었는데 다 된 밥을 못 본 척하고 돌아서는 사람, 노력은 노력대로 하고 성과는 성과대로 없으니 세상을 원망하고 자괴감에 빠질 수밖에 없다.

지식의 대폭발, 지식의 빅뱅이 일어나게 하라

한 가지 일에 "과연 최고야, 일인자임에 틀림없어!"라는 말을 들으며 많은 사람들에게 선한 영향력을 갖추려면 지식의 빅뱅이 핵심요건이다. 지식이 제대로 위력을 발휘하기 시작하는 임계점이자 전환점은, 마치 눈송이가 쌓이고 또 쌓인 뒤 마지막 한 송이가 나뭇가지를 부러뜨리는 순간처럼 어느 순간에 다가온다. 중요한 것은 그 순간까지 지식을 축적해야 한다는 사실이다. 그렇게 축적된 지식이 일정 수준을 넘어서면 두뇌가 지식의 블랙홀이 되어 주변의 모든 지식을 흡수한다. 그렇게 흡수된 지식이 임계점을 넘어서는 순간, 머릿속에서는 지식의 빅뱅현상이 일어나고 지적 상상력이 폭발한다. 여기서의 지식이란, 학교나 책에서 배우는 그런 지식만을 말하는 것이 아니다. 자신이 하는 일, 자신의 분야에서 습득하고 쌓아나가야 할 모든 경험과 기술을 통칭하는 말이다.

비전을 향해 진격하는 과정에서도 우리는 분명 어떤 돌파점, 즉 임계점과 맞닥뜨리게 된다. 거기서 멈추느냐, 그것을 돌파하느냐, 그것은 당신의 선택이다. 하지만 분명한 것은 1%와 99%의 사람들을 갈라놓는 가장 중요한 분기점이 바로 그것이라는 것이다.

안타까운 것은 임계점 근처에서 무릎을 꿇는 사람들이 너무 많다는 사실이다. 한 치만 더 가면 되는데 그것을 못 참고 포기하는 것이다. 지식의 임계질량을 돌파하기 원한다면 항상 머릿속에 임계점이 있다는 사실을 떠올리고 있어야 한다. 포기하고 싶은 마음이 들 때도 임계점이 눈앞에 있음을 기억하라. 아무리 해도 안 되고, 하면 할수록 나의 부족한 점만 보여 좌절하고 싶을 때도 '이제 곧 임계점에 다다르겠구나.' 하고 생각하라. 동 트기 전이 가장 어두운 것처럼 이대로 딱 죽고 싶은 순간이 임계점을 돌파하는 순간이다. 그 고비만 넘기고 나면 완전히 새로운 세계가 열리고, 무중력 상태처럼 아무런 힘도 들이지 않고 저절로 움직이는 경험을 하게 될 것이다.

지식의 임계질량을 돌파하기 위해서는, 그야말로 저돌적인 탐구와 연마가 필요하다고 말했다. 그러나 '무조건 될 때까지 죽어라고 노력하라!' 이런 뻔하고 무책임한 말을 들으려고 책을 읽는 사람은 아무도 없을 것이다.

당신은 누구보다 빨리, 현명하게 그 임계점을 돌파하고 싶을 것이다. 이제 그 비법을 알아보자.

먼저 최고의 이론가가 되어라

리처드라는 청년은 프로 로데오 선수가 되기로 작정하고 세계챔피언이었던 게리라는 코치를 찾아갔다. 리처드는 이미 아마추어 대회에서 우승한 경력도 있었고, 프로 선수가 되고

자 하는 의지도 누구보다 결연했기 때문에, 게리는 그의 코치가 되어주기로 했다.

첫 수업을 하는 날, 게리는 리처드에게 책을 한 권 주면서 정독하라고 지시했다. 리처드는 다소 의아하긴 했지만, 일단 게리가 시키는 대로 정신을 집중해서 책을 읽었다. 책을 다 읽고 난 후 다시 게리를 찾아간 리처드는, '이번엔 황소를 타보겠구나.' 하고 기대했지만, 이번에도 책을 한 권 받았다.

그 후로도 게리는 계속해서 리처드에게 책을 주었고, 리처드는 엄청난 양의 책들을 다 읽어야만 했다. 책을 다 읽은 후에는 오디오북이 담긴 카세트테이프까지 받았다. 그것도 지금까지 읽은 책보다 더 많은 수의 테이프였다.

리처드가 카세트테이프 듣기까지 모두 마치자, 게리는 그제야 모형황소를 가져왔다. 그것으로 리처드는 황소의 모든 움직임을 상상하는 훈련을 했다. 훈련은 그게 전부였다. 상상 훈련을 마친 후 리처드는 많은 로데오 경기에 출전했다. 아무리 아마추어 대회에서 우승한 경력이 있다고는 해도 실제 훈련 없이 대회에 참가한다는 게 리처드로서는 불안하기 짝이 없는 일이었다. 그런데 놀랍게도 기능을 연마하는 데 치중했던 다른 선수들과는 비교도 되지 않을 정도로 그는 많은 대회에서 우승컵을 거머쥐었다. 정확하면서도 풍부한 지식이 우승을 하는 데 큰 역할을 한 것이다.

이론과는 별로 상관이 없을 것 같아 보이는 로데오 경기에서조차도 기능만 발달한 사람보다는 지식이 풍성한 사람이 압도적인 우세를 보인 것이다. 비슷하거나 오히려 기술에 다소 차이가 있다고 하더라도 오로지 기능만 죽어라 연마하는 사람보다는 그 분야에 관해 해박한 이론을 겸비한 사람이 훨씬 빠른 성장을 할 수 있다는 말이다.

어떤 일이든 '원리'가 있게 마련이다. 그것을 늘 고민하고 통찰하는 사람이, 무조건 '무식하게' 파기만 하는 사람보다 경쟁우위를 갖게 되는 건 어찌 보면 당연한 이야기다. 하지만 오해는 마시라! 경험을 쌓거나 기술을 연마할 생각은 안 하고 책상 앞에 앉아 머리만 굴리라는 이야기는 절대 아니니까.

피터 드러커는 "지식은 그 자체에 '행위'를 내포하고 있다"고 강조했다. 정보를 모아서 가공하고 재구성하고 축적하고 판단하면서 행동으로 옮겨 유용한 가치를 창출해야만 진정한 '지식'인 것이다. 말하자면 능동적인 활동이 포함되어야 살아 있는 지식, 가치 있는 지식이 된다는 뜻이다.

당신이 하고자 하는 일, 현재 하고 있는 일에 관해, 이론적인 지식과 기능적인 지식을 완벽하게 조화시켜라! 그것들이 당신의 머리와 당신의 몸에 체화되어 서로 대화하고 토론하며 때로는 치열하게 싸우게 하라! 그리하면 어느 순간, 그것들이 정점에서 만나 당신도 모르게 엄청난 '지식의 빅뱅'을 일으킨다.

오늘부터 당신의 숙명적 키워드와 관련된 책을 모조리 찾아서 읽고 정보를 수집하라. 당신의 진로에 가장 큰 영향력을 미칠 수 있는 중요한 저자를 한 사람 정하라. 그 분야의 일인자가 저술한 대표적인 책 한 권을 골라 열 번 이상 정독해보라. 그리고 그의 다른 책들까지도 모두 섭렵하라. 그와 관련된 모든 기사를 검색하고, 그의 의견에 반대하는 사람들의 책까지도 모조리 독파하라.

나아가 당신의 키워드와 직접 관련된 모든 책을, 그리고 간접적으로라도 그와 관련된 모든 저자의 책을 다 읽어라. 그의 생애를 조사하고 어떻게 훈련받았는지 알아보라. 그리고 그대로 따라 해보는 것이다. 그것들을 통해 나만의 지식 시스템을 구축하고 지식의 확대·재생산을 시도해야 한다.

이렇게 독파한 책들의 숫자가 500권을 넘을 때 지식의 임계질량을 넘어 창의력의 대폭발, 지식의 빅뱅을 꿈꿀 수 있다. 그러나 500권이라는 수량의 임계점을 돌파하는 것만으로는 충분치 않다. 방법의 임계점 또한 넘어서야 한다. 한 권의 책을 잡았다면 다 읽을 때까지 거기에만 집중하라. 모르는 단어가 나오면 꼭 사전을 찾아 정확하게 이해해야 한다. 대충 아는 것은 써먹을 수가 없다. 책에 나오는 주제-소재-주장-나의 반응 등을 마인드 맵 형태로 기록해두는 것도 좋은 방법이다.

모으고, 분류하고, 우선순위를 부여하고 체계화하는 과정을 훈련하는 동안, 편견을 버리고 "왜 꼭 그렇게 해야 하는 거지? 다른 방법은 없나?"라고 질문하며 더 좋은 생각을 찾아보라. 배운 것을 누군가에게 가르쳐보는 습관도 중요하다. 배운 것을 당신 자신의 글로 다시 집필해보면 머릿속에서 지식은 새롭게 재구성되고 단단히 정착한다. 새 지식을 다른 사람에게 가르칠 수 있는 교안으로 작성해보라.

그 분야 일인자의 생애와 사상을 책으로 써보라. 쓰고 말하다 보면 전혀 새로운 생각이 떠오른다. 기존의 지식이 내 머릿속에서 새로운 지식을 잉태한 것이다. 그와 동시에 죽어 있던 지식이 생생하게 펄떡이며 살아난다. 지식에 생명을 불어넣어라.

지식의 통섭, 잡종강세를 통해
지식의 빅뱅을 앞당겨라

유전학적으로 잡종은 생산성이 좋거나 병충해에 강한 이른바 잡종강세(雜種强勢)의 특성을 지닌다. 잡종강세는 지식도 마찬가지다. A라는 분야의 새 지식을 전혀 엉뚱한 B라는 분야의 지식과 결합해보고 연관시켜보라. 전혀 다른 업계, 업종의 사람들과 만나서 지식을 교류해보라. 전혀 어울릴 것 같지 않은 재료들이 섞여 근사한 칵테일이 되듯이, 더욱 획기적이고 탁월한 지식이 만들어질 것이다.

카이스트의 서남표 총장은 MIT 공과대학의 학장으로 재임하던 시절, 기계공학과에 생물학을 필수전공 과목으로 편입시켜 화제를 모았다. 지금은 미국의 모든 기계공학과에서 생물학을 당연히 공부해야 할 필수과목으로 여기고 있지만, 당시로선 기계공학을 공부하는 사람들이 무슨 생물 공부냐며 고개를 젓는 사람들이 많았다고 한다. 하지만 기계는 본래 인간, 나아가 움직이는 생물을 원리로 나온 것인데, 그 근본을 이해하지 못한 채 '기계'를 '기계'로만 보는 사고는 그 자체가 태생적 모순을 안고 있다는 것이 서 총장의 신념이었다.

사실상 인류의 모든 학문의 영역은 애초부터 이렇게 세분

화되지 않았었다. 원시시대까지 거슬러 올라가지 않더라도 고대나 중세만 살펴봐도 그렇다. 과학자이자 철학자이자 화가였던 레오나르도 다빈치가 바로 이를 대변하는 인물이다.

그래서 최근 등장하고 있는 새로운 키워드가 '통섭'이다. 통섭(統攝, Consilience)은 '지식의 통합'이라고 부르기도 하며 자연과학과 인문학을 연결하고자 하는 통합 학문 이론이다. 이러한 생각은 우주의 본질적 질서를 논리적 성찰을 통해 이해하고자 하는 고대 그리스의 사상에 뿌리를 두고 있다. 1840년에 윌리엄 휘월(William Whewall)이 《귀납적 과학의 철학》이라는 책에서 'Consilience'란 말을 처음 사용했는데, 설명의 공통기반을 만들기 위해 분야를 가로지르는 사실들과 사실에 기반한 이론을 연결함으로써 지식을 통합하는 것을 뜻한다.

일례로 경영학·경제학만 해도 인문학·자연과학적인 지식과 아이디가 동원될 때 이제까지의 사고를 뛰어넘는 상상력이 발현될 수 있다.

모프(Morph). 노키아가 2008년 2월 샌프란시스코의 한 전시회에서 선보인 미래형 휴대전화의 이름이다. 이 '모프'는 상황에 따라 모양이 변할 뿐 아니라, 필요한 경우 색깔도 바핀다. 이뿐 아니다. 펼치면 자판으로 사용할 수도 있고, 둘둘 말아 팔찌처럼 찰 수도 있다.

'휴대전화는 딱딱한 것, 색깔은 변할 수 없는 것'이라는 고정관념을 깨고, 상황에 따라 모양과 색깔이 자유롭게 변하는 휴대전화에 대한 새로운 개념과 안목을 제시했던 것이다. 이 휴대전화를 어떻게 개발할 수 있었을까? 노키아는 바로 이 모프를 개발하기 위해 카멜레온의 보호색 기능, 자유자재로 움직이는 거미줄의 원리를 응용했다고 한다. 그래서 이를 바탕으로 플렉시블 트랜지스터(flexible transistor)라는 새 기술을 적용하기도 했다. 최첨단 기술에 생물학의 기본원리를 차용한 것이다. 이것이 바로 우리가 필요로 하는 통섭의 한 사례이다.

모두들 창의력을 이야기한다. 새로운 발상이 필요하다며 목청을 높인다. 하지만 고정관념을 깨고 새로운 개념과 안목을 제시하는 것은 쉬운 일이 아니다. 그러기 위해서는 새로운 사고유형이 필요하다. 단편적 지식이 아닌 복합적 사고와 통찰력이 필요하다. 이런 '넓고 깊은' 사고유형은 한 종류, 혹은 한 가지 분야만을 천착해서는 얻을 수 없다. 오히려 다양한 학문 분야를 아우르고, 혹은 전혀 이질적인 생각과 관습을 보다 높은 차원에서 바라볼 줄 아는 시각, 즉 통섭의 관점을 통해서만 얻을 수 있다.

아무리 노력해도 진전이 보이지 않거나 임계점을 넘지 못하는 것처럼 느껴질 때도 있다. 그럴 경우에는 현재 자신이 사용하고 있는 방법, 재료, 도구로는 어렵다는 것을 인정하고 새로운 방법을 모색해야 한다.

한 가지 분야에서 '이론과 실제'가 겸비되어야 진정한 프로가 되고, 지식의 임계점을 넘을 수 있듯이, 지식도 한 가지 분야만을 취하는 것보다는 다양한 분야의 지식을 일정 수준 이상 골고루 습득하고 있어야 더 크나큰 시너지를 창출할 수 있다.

이른바 '똥통의 법칙'이라는 것이 있다. 독일의 화학자 리비히가 발견했다고 해서 '리비히의 법칙'으로 불리는 이 이론은, 식물이 자라고 생명을 유지하는 데 아주 조금밖에 쓰이지 않지만, 막상 그것들이 없거나 부족하면 식물에게 치명적이라고 해서 '영양분 최소율의 법칙'이라고 부르기도 한다.

리비히는 이를 기다란 나무판자로 엮어서 만든 물통에 빗대어 설명했는데, 즉 우리가 물을 채울 때 아두리 다른 판자들이 높아도 판자 하나가 짧으면 그곳으로 물이 다 새나가듯이 우리 몸에 필요한 영양성분도 이와 같다는 이야기다. '똥통의 법칙'이라는 말은 그것이 옛날 재래식 화장실을 퍼낼 때 쓰던 똥통과 모양이 같다고 해서 장난삼아 회자되는 말이다.

어쨌든 통 하나의 용적은 다른 나무판자가 아무리 높아보았자, 결국 가장 짧은 나무판자에 의해 결정된다는 이야기다. 우리의 지식이나 의식수준이라는 것도 어느 정도 이와 비슷하다는 생각이 든다. 한 분야의 지식이 최고치에 이른다 해도 어느 한 측면이 너무 낮은 수준에 있다면 자신이 쏟은 에너지의 상당 부분이 새어나가게 될 것이다.

다양한 학문 간의 교류나 연계, 지식의 통섭은 이제 거스를 수 없는 추세다. 자신의 분야에서 쌓아온 기술이나 경험만 가지고는 복잡다단한 현대사회에서 경쟁우위를 획득하기가 어렵다. 또한 '밖'에서 보아야 그동안 못 보던 '안'의 다른 모습도 보이는 법이다.

의도적으로라도 자신의 분야와 전혀 관계없는 분야의 책을 읽어라! 인문학, 사회학, 자연과학 분야에서 각각 최소한 명저라고 일컬어지는 책들만이라도 섭렵하라! 자신의 분야와 전혀 상관이 없는 사람들을 만나라! 그 분야의 최고 일인자나 그의 저서를 찾아 독파하라!

이렇게 새로 습득한 다른 분야의 지식과 나의 전공 분야와의 관계를 집중적으로 생각해보고 그것을 적용할 대상을 10개 이상 적어보라. 새로운 지식과 현실 사이의 괴리를 철저히 측정해보라. 무엇이 얼마나 다른지를 찾아냈다면, 그 간극을 메우고 차이를 극복하는 데 필요한 지식을 더 축적하라. 실천하고 적용하는 과정에서 끊임없이 새로운 사실을 찾아라. 앞서 실천해본 경험자의 한계가 무엇이었는지에 대해 관찰하라. 새롭게 만들어낸 지식을 세 명 이상의 사람들에게 설명하는 기회를 가져보라.

에디슨은 15세에 자신의 고향인 디트로이트 시의 도서관에 있는 책을 모두 읽었을 뿐만 아니라 그것도 부족해서 백과사전을 사서 모조리 읽었다고 한다. 에디슨이 위대한 발명가가 될 수 있었던 것은 축적된 지식이 임계질량을 넘어섰기 때문에 나타난 결과라는 것이다.

에디슨이 언제, 어느 시점에 임계질량을 넘어섰는지는 알 수 없지만 축적된 지식이 임계질량을 넘어섬과 동시에 그의 뇌 안에서 엄청난 지식의 빅뱅이 일어나게 된 것은 아닐까?

플러스 울트라,
'더 멀리'는 있다

남들보다 1미터만 더 가고, 1시간만 더 하라. 완전히 다른 결과를 가져올 뿐만 아니라 생각의 임계각까지도 훌쩍 뛰어넘을 수 있다.

1492년 신대륙을 발견한 콜럼버스는 유럽을 떠날 때 '더 멀리는 없다.'는 뜻의 'Ne Plus Ultra'라고 쓰인 깃발을 뱃머리에 걸었다. 이사벨라 여왕의 깃발에 새겨진 문장인 'Ne Plus Ultra'는, 당시 세계 최강의 패권국가였던 스페인이 '이미 세계의 모든 땅의 끝까지 다 도달했다.'는 의미를 담은 것이었다. 하지만 콜롬버스가 신대륙을 발견하고 돌아왔을 때, 이사벨라 여왕은 깃발에서 'Ne'를 없애 '더 멀리'라는 말만 남겨두었다. 그리하여 그들의 모토는 'Plus Ultra', 즉 '더 멀리는 아직도 있다.'가 된 것이다.

한 발짝만 더 앞으로 나아가라

"썩 꺼져버려!"

"예???"

"너 같은 땅꼬마 말더듬이를 세일즈맨으로 받아줄 얼간이는 이 세상 어디에도 없어! 다른 회사도 마찬가지야. 괜히 바쁜 사람 귀찮게 하지 말고 당장 나가. 다시는 보험 쪽엔 얼씬거리지도 말란 말이야, 알겠냐? 멍청한 녀석 같으니라고!"

마흔일곱 번째 면접에서 떨어진 한 젊은이가 가흔여덟 번째 면접에서 또 다시 불합격 판정을 받은 뒤 문을 열고 밖으로 나오려는 순간이었다. 그런데 출입문을 열려면 문을 안쪽으로 잡아당겨야 했다. 그러다 보니 문이 열리기는 했지만 그는 문에 떠밀려 안쪽으로 두 걸음을 더 뒷걸음질 치게 되었다. 바로 그 순간, 젊은이는 반동을 이용하여 몸을 홱 돌리더니 면접관에게 다시 한 번 소리쳤다.

"그런데 선생님, 만일 제가….." 하면서 다시 말을 걸었던 것이다. 그리고 결국 그는 합격했다. 면접관은 그렇게 면박을 당하고도 '한 번 더' 시도하는 그의 끈기와 근성을 높이 샀던 것이다.

보험 세일즈로 약관 27세에 백만장자가 되었으며 자신의 성공경험을 교육프로그램으로 만들어 유명한 리더십 교육기관 LMI(Leadership Management International)를 설립한 폴 마이어(Paul Meyer)의 일화다. 플러스 울트라(Plus Ultra)에 하나를 더 보탠 것이 그의 성공의 시작이었다. 무려 마흔일곱 번이나 떨어졌음에도 불구하고 마흔여덟 번째 면접에 나선 것이 플러스 울트라라면, 뒷걸음질의 반동을 이용하여 몸을 돌린 것은 거기에 또 다시 플러스 알파(Plus Alpha)를 보탠 행동이었다. '당신에게 어울리는 미래'라고 하는 대륙을 점령해 들어갈 해안교두보를 돌파하기 위해선 플러스 울트라에 플러스 알파를 보태는 그 이상의 치열함이 필요하다.

어느 작은 마을에서 한 남자가 은광을 찾고 있었다. 그는 수년간 전 재산을 걸고 은광을 찾는 데만 집중했다. 그러던 어느 날 갱도를 파내려가던 그는 폐광이 된 200미터 가량의 굴을 발견했다. 하지만 그곳은 이미 깨끗하게 채굴된 뒤였다. 그는 낙심하여 계획을 포기했고 그 충격으로 얼마 후 세상을 떠나고 말았다.

10년이 흐른 후, 어느 광산회사가 마을 주변의 광산지역 몇 곳을 사들였는데, 남자가 팔고 떠나버린 폐광도 함께 사들였다. 그런데 그 굴과 불과 1미터도 떨어지지 않은 곳에서 어마어마한 양의 은이 발견되었다. 고작 1기터 앞에서 그 남자의 모든 노력이 수포로 돌아간 것이다. 딱 1미터만 더 파보았더라면 그는 노력의 결실을 얻었을 것이다. 이것이 바로 플러스 울트라에 플러스 알파를 더하는 노력이다. 남들보다 1미터만 더 가고, 1시간만 더 하는 것이 완전히 다른 결과를 가져온다.

생각의 임계각도를 확장시켜라

수년 전, 미국 국무성에서 외교관 공개채용 시험이 있었다. 이미 필기고사를 통하여 합격범위는 상당히 압축되어 있었지만 최종 구술시험의 경쟁도 여간 치열한 것이 아니었다. 쟁쟁한 박사학위 소지자, 대대로 미국에 뿌리를 박고 살아온 백인 엘리트들, 그리고 국제외교 분야에서 이미 상당한 실무 경력을 쌓은 실력자들이 첨예한 경쟁을 벌이고 있었다.

  한국계 이민 2세인 정주리도 필기시험에 합격해 구술시험을 치르게 되었다. 세 살 때 부모를 따라 미국으로 건너간 그녀는 누가 보아도 한국인이라는 것을 금방 알 수 있었고, 사실 아무런 경력도, 배경도, 박사학위도 없는 처지에서 쟁쟁한 실력자들과 경쟁하게 되었다. 그녀는 어느 모로 보나 지원자 중 가장 불리한 여건에 있었다.

드디어 구술시험 날, 정주리가 시험관 앞에 앉았다.

"자료를 보니까 한국계 이민 2세인데 맞습니까?"

"네, 그렇습니다."

"당신은 한국인의 후예로 한국에서 태어나 지금은 미국 시민으로 살고 있습니다. 그런데 만약 이번 시험에 합격하면, 앞으로 미국 정부의 외교관이 되어 활동을 하는 과정에서 미국의 이익과 한국의 이익이 서로 충돌하는 현장에 있게 될 수도 있습니다. 그렇게 된다면 당신은 어느 쪽의 이익을 선택할 작정입니까?"

"저는 미국이나 한국, 그 어느 편에도 서지 않을 것입니다. 저는 다만 정의(Justice)의 편에 설 따름입니다."

바로 그 한마디였다. 누가 보아도 가장 불리한 위치에 있던 정주리를 당당히 합격시킨 것은 이 결정적인 한마디였다. 사실 그 질문은 너무나 날카롭고 대답하기 난처한 것이었다. 그럼에도 불구하고 정주리의 대답은 절묘했다. 어떻게 그런 대답이 나올 수 있었을까? 생각에 생각을 더하고 역(逆)의 역을 되짚어보면 불가능한 발상은 아니다. 그녀가 만약 '미국

편'이라고 대답했다면 거짓말이거나 정체성이 없는 사람으로 평가되었을 것이다. 그렇다고 '한국 편'이라그 대답했다면 미국 정부의 외교관으로는 부적절한 사람으로 평가되었을 게 뻔하다. 그러니 답은 하나다. 생각의 각도를 돌리는 것뿐이다.

정주리는 미국 편이냐 한국 편이냐 하는 양자택일의 문제, 이해득실 다툼의 범위 안에서만 고민하기를 거부했다. 그 대신 생각의 반경을 한 꺼풀 더 넓혀서 '정의로운가, 아니면 정의롭지 못한가'의 선택, 가치판단의 문제로 초점을 전환시켰다. 생각의 임계각을 확 넓혀서 뚫어버린 것이다. 그렇게 되니까 새로운 선택지가 발견되었고 따라서 상대방의 예리한 칼끝을 무디게 할 뿐만 아니라 오히려 질문자를 감동시킬 수 있었던 것이다.

끝까지 생각해보고 한 번 더 생각하여 플러스 울트라까지 간다면 반드시 답은 있게 마련이다. 그런데 대부분의 사람들이 끝까지는 생각을 해보지만 거기에 플러스 알파, 한 번 더 생각하지는 않는다.

인생의 첫 관문, '나에게 어울리는 미래'라는 넓은 영토를 점령하기 위해 전략적 교두보를 확보하여야 하는 과제를 안고 있는 사람에겐 생각의 임계각을 돌파하여 플러스 울트라를 찾아내는 치열함이 필요하다. 그런데 그것을 방해하는 훼방꾼이자, 주의해야 할 함정이 하나 있다. 바로 '사고의 해이'다.

'사고의 해이'는 제1의 경계항목

모럴 해저드(moral hazard)라는 말이 회자되곤 한다. 원래 보험용어였으나 최근에는 경제현상에 확대되어 사용된다. 법적으로는 문제가 없지만 도덕적으로는 비난받을 행동을 뜻한다. 즉 한 사람 한 사람의 도덕적 불감증, 처음에는 그저 몇 사람이 "나 하나쯤이야."라고 시작한 행동으로 인해 최후에는 사회를 지탱하는 시스템 전체를 붕괴시키는 현상이다. 생각 시스템을 붕괴시키는 사고의 해이, 씽킹 해저드(thinking hazard)도 그와 비슷하다.

아프리카 민담 중에 완벽한 둥지를 만드는 새 이야기가 있다. 다른 새들이 그 새에게 어떻게 하면 그렇게 완벽한 둥지를 만들 수 있느냐고 묻자, 그 새가 설명을 시작했다.

"먼저 진흙을 약간 모으는 거야."

그런데 설명을 듣고 있던 새 한 마리가 그 말이 떨어지기가 무섭게 "아, 이제 알겠다." 하더니 날아가 버렸다.

"그 다음에 풀을 깔고…."

이 말을 하자마자 또 한 마리가 "아, 알겠어!" 하며 날아가 버렸다.

설명이 한 단계씩 진행될 때마다 새들은 한 마리씩 "아, 이제 알겠다." 하고 날아가 버렸다. 설명을 하던 새가 이야기를 마치고 주위를 둘러보았을 때는, 한 마리도 남아 있지 않았다. 과연 설명을 듣던 새들은 돌아가서 완벽한 둥지를 지을 수 있었을까?

갈수록 사람들은 깊이 생각하는 것을 싫어한다. 진지하게 생각해보거나 치열하게 고민해보지 않고, 이 이야기의 새들처럼 푸다닥거리며 경박스럽게 날아다닌다. 세상이 너무 빠르게 돌아가서 생각할 여유가 정말로 1분도 없는 것인지, 아니면 깊이 생각하기가 귀찮은 것인지, 어쨌든 쉽게 생각하고 쉽게 결정을 내리는 것이 많은 문제를 양산해내는 것은 사실이다.

이와 같은 '사고의 해이'는 역선택, 혹은 무선택을 초래하기도 한다. 무엇이 최선의 선택인지 아주 쉽게 분명히 알 수 있는데도 불구하고 엉뚱한 선택을 하는 것, 태풍이 예고되면 문단속을 하는 것이 최선인데도 보험금을 타내기 위해 문을 열어두고 집을 비우는 경우가 역선택에 해당한다. 한편 선택하기가 너무 어렵거나 망설여질 때 아무런 선택도 하지 않음으로써 그냥 뭔가가 일어나게 놔두는 것이 무선택이다. 무선택의 결과는 예외 없이 자신뿐만 아니라 모두에게 최악의 결과를 가져오는 경우가 많다.

평범에서 비범으로 넘어가는 와중에서 '사고의 해이'는 최대의 장애요소이며 제1의 경계항목이다. 대충 생각하고, 적당히 고르고, 고민 없이 행동하는 것…, 이런 나쁜 습관이 생기면 시작도 해보기 전에 모든 것을 망칠 수 있다.

사고(thinking)란, 외부자극(사실, fact)들을 감각적으로 인지하고 이를 비교, 분석, 종합하여 미래에 취해야 할 최적의 반응(행동, action)을 찾는 두뇌작용이다. 그런데 사실 이것은 생각보다 많은 노력과 연습이 필요한 과정이다. 그러다 보니 특히 디지털 미디어에 길들여진 요즘 세대들은 자연스럽게 이를 피하거나 대충 해버리려는 유혹에 사로잡힌다. 스스로

해야 했던 '노력'과 '연습'을 미디어가 다 해주기 때문에 거기에 길들여진 탓도 있다. 이제까지 접해본 적이 없는 미지의 문제, 예측할 수 없는 문제, 복잡한 문제 등에 부딪혔을 경우, 이러한 현상은 더욱 심해진다. 여기 '사고의 해이' 위험수준을 판단할 수 있는 아홉 가지 항목이 있다.

- 문제해결에 대한 목적과 가치의 척도가 명확하지 않다.
- 잘못된 과거의 통찰이나 성과에 구애 받는다.
- 구체적인 결론을 내리지 못한다.
- 위험을 부담하지 않는다.
- 책임지지 않으려 한다.
- 현상을 유지하려 하고 내부 지향적이다.
- 객관적인 사실에 의존하지 않고 직감과 운에 의존하는 도박적인 결정을 내린다.
- 즉각적인 해결과 빠른 결말만을 원한다.
- 사고과정을 인내하거나 차분히 기다리지 않는다.

생각하기가 싫어지는 이유는 무엇인가? 사람이 원래 게으른 동물이기 때문인가? 아니다. 게을러서가 아니라 몰라서다. 생각하는 방법을 모르기 때문이다. 달리 말하면 생각을 쉽게 만들어주는 도구가 없기 때문이다. 손으로 붕어빵을 만들려면 얼마나 어렵겠는가? 그러나 붕어빵 틀을 사용하면 식은 죽 먹기다. 생각도 마찬가지다. 생각의 도구, 생각의 틀을 사용하면 된다. 많은 사람들이 요리나 빨래나 청소를 할 때는 첨단의 도구를 사용하지만, 생각을 할 때는 마땅한 도구를 사용하지 않는다.

그러면 도대체 생각이란 어떻게 하는 것이며, 어떻게 하는 것이 충분히 생각하는 것일까?

생각을 충분히 한다는 것은 어떤 사물의 전부 또는 일부분을 바꾸어놓고 관찰하는 것이다. 셔츠의 왼쪽 가슴에 붙어 있는 주머니를 오른쪽으로 옮겨놓고 어떤 변화가 오는지 살펴보는 것이 생각하는 것이다. 이때 더 편리해진 점은 무엇이고 오히려 불편해진 점은 무엇인지, 어떤 사람에게 더 편리해지고 어떤 사람에게 불편해지는지, 모양새는 어떻고 활동성은 어떤지 계속해서 살펴보는 것, 그것이 바로 충분히 생각하는 것이다.

이런 식으로 따져보면 '생각을 한다'는 것은 결코 추상적인 과정이 아니다. 오히려 생각하는 것만큼 구체적인 것도 없다. 중요한 선택의 기로 앞에서 생각의 실마리가 풀리지 않을 때는 한번 이렇게 해보라. 일단 안과 밖을 뒤집어보라. 처음과 나중의 순서를 바꿔보라. 길게 혹은 짧게 해보라. 어떤 부분을 다른 것으로 바꿔보라. 뭔가를 덧붙여보라. 뭔가를 빼보라. 이도 저도 안 되면 일단 분해했다가 다시 조립해보라!

프랑스의 어느 시골마을에 화가가 한 명 있었다. 그는 그림은 잘 그렸지만 모델을 살 돈이 없어서 고심하고 있었다. 어느 날 장터를 헤매던 중 멋진 포즈를 취하고 있는 말을 발견했다. 그 당시 화가들은 인물화만 그렸지, 누추한 장터 풍경이나 말, 돼지 같은 가축은 그리지 않았다. 하지만 화가는 모델을 구하는 대신 장터의 말을 그렸고, '장터의 말'이라는 그림은 그렇게 해서 탄생했다. 후에 그 그림은 아주 유명해져서 비싼 값에 팔리게 되었다. 그 화가는 생각의 방법들 중에서 '다른 것으로 바꿔보라'를 적용한 것이다.

여러 가지 모양의 틀에 생각을 넣고 요리조리 주물러 가장 완벽하고 좋은 모양을 만들어내려는 시도 역시 유전자 스위치를 ON으로 유지해야 가능한 것인지도 모른다. 철저하고 심오하게 생각하는 사람만이 머릿속에서 언제나 아이디어가

강물같이 넘쳐흐르고 결국에는 꿈을 이룬다. 그게 바로 생각의 원천수다. 생각의 원천수가 고갈된 사람에게 내일은 없다. 유전자 스위치를 ON으로 켜놓고 플러스 울트라에 플러스 알파를 더하겠다는 열정이 없다면 세상이라는 저 완강한 방어선은 그리 호락호락하게 항복하지 않을 것이다.

실패를 성공으로 둔갑시켜라

'실패했다'의 반대말은 '성공했다'가 아니고 '도전하지 않았다'다.
실패는 언제나 성공으로 둔갑시킬 수 있다.
'빨리' 실패하고 '자주' 실패하라.

비전을 달성한 위대한 사람들에게는 단 한 번의 실패도 좌절도 없었을까? 비전이라는 찬란한 빛이 인도하는 삶은 무조건 탄탄대로일까? 천만의 말씀이다. 그들은 오히려 남들보다 더 많은 실패와 시련을 겪었다. 비전은 도전하는 삶이다. 도전하는 삶에는 당연히 위험과 실패도 더 많이 내재되어 있다. 사실 시도하지 않으면 실패할 것도 없다. 미지근한 물속에서 서서히 삶아져가는 개구리는 자신이 실패한지도 죽어가는지도 모른다.

그러므로 우리가 가슴 뛰는 삶, 도전하는 삶을 살기 위해서는 당연히 실패를 관리하는 지혜도 미리 갖춰두어야 한다.

그것이 바로 오늘의 실패를 내일의 성공으로 둔갑시키는 기술이다. 내일을 열어가는 첫 번째 돌파시도가 좌절되었다면, 영리한 물고기처럼 거꾸로 헤엄쳐보라. 생각의 방향을 180도 바꿔보는 것이다. 이미 어떤 결과가 벌어지고 말았다면, 그것을 역이용하고 실패를 더 큰 성공에 도전하는 기회로 삼으라는 말이라.

물고기가 낚싯바늘에 걸리면 보통은 도망치려고 낚싯줄과 반대방향으로 움직이는데, 그럴수록 낚싯바늘은 더욱 깊이 박힐 뿐이다. 낚시꾼은 줄을 풀었다 당겼다 하면서 물고기가 지쳐 쉽게 끌려올 때까지 그 게임을 즐긴다. 그러나 가끔씩 영리한 물고기는 이 게임에 말려들지 않는다. 영리한 물고기는 오히려 낚시꾼이 있는 쪽으로 빠르게 헤엄침으로써 줄을 팽팽하게 만들지 않고 낚싯바늘에서 벗어날 기회를 노린다.

에디슨이 학교에서 퇴학당하자 그의 어머니는 아들을 다른 학교에 보내려 하거나 복학시키려고 하지 않았다. 오히려 영리한 물고기처럼 반대방향으로 갔다. 홈스쿨링을 한 것이다. 학교수업 대신 디트로이트 도서관의 책을 다 읽게 하고, 여러 가지 경험을 통해 학교에서 배울 수 없는 것까지도 가르쳤다. 에디슨이 계속 학교에 다녔더라면 아마도 위대한 발명가가 되지 못했을 것이다. 공부 못한다고 구박만 듣고, 괴상한 아이로 찍혀 혼나기만 했을 게 뻔하다. 오히려 보통의 삶조차 누리지 못했을 수도 있다. 결국 학교에서의 실패를 역이용한 것이 그를 위대한 발명가로 만들어준 것이다.

실패의 산출물을 새로운 성공에 투자하라

실패를 성공으로 둔갑시키는 첫 번째 방법은 실패의 결과로 남은 자원들을 적극적으로 활용하는 것이다.

《인생에 꼭 필요한 열두 가지 자본》이라는 책에 실패라고 생각할 만한 상황을 성공으로 바꾼 어느 젊은이의 이야기가 나온다. 음악대학을 졸업한 그는 계속 음악을 하고 싶었지만 상황이 여의치 않아 일반기업의 홍보과에서 일하게 되었다. 출근 첫날부터 그는 고민에 빠졌다. 평생 음악만 공부하고 그 재능만 갈고 닦아왔는데, 회사에서 맡은 일은 음악과는 아무 관련이 없는 일이었기 때문이었다. 재능이 아깝기도 했고, 음악에 대한 미련을 버릴 수도 없었다. 게다가 이 회사에서 오래 머물면 머물수록 미래는 불투명해지고 결국 자신의 음악적 재능도 다 사라져버릴 것이 분명했다.

고민 끝에 그는 기왕에 다니게 된 회사를 '나에게 어울리는 내일이 있는 곳'으로 바꿔보기로 결심했다. 그래서 그는 곧 상사에게 회사 홍보활동의 일환으로 악단을 만들자고 건의했다. 마침 회사는 한창 사세를 확장시켜가는 시기였고 소비자들과의 소통을 증진시켜 회사와 제품의 이미지를 업그레이드 하고자 노력하는 중이었다. 그의 건의는 받아들여졌고 그는 쾌재를 부르며 단원을 모집하고 연습실과 악기를 마련하여 연습을 시작하였다.

그는 악단의 실력을 최고 수준으로 끌어올리기 위해 노력했다. 시간이 흐르면서 악단은 점차 틀이 갖춰졌고 연주 실력도 월등히 향상되었다. 2년이 지난 후에는 그 도시에서 가장 수준 높은 연주를 하는 악단으로 인정받을 정도였다. 악단의 실력은 내로라하는 유명 오케스트라에 필적했고, 그는 그 지역 일대에서는 가장 훌륭한 지휘자가 되었다.

그는 실패로 인해 남은 자산인 회사원이라는 신분과 회사의 홍보플랜이라는 자산을 더 빛나는 성공 프로젝트에 투자했다. 회사 밖으로 나가는 대신 안쪽으로 더 깊숙이 들어갔다. 도망가는 방향으로 헤엄치는 대신 낚시꾼 쪽으로 헤엄치며 실패를 성공으로 둔갑시킬 방도를 찾아낸 것이다. 산은 높지 않아도 신선이 살면 명산이 되고, 집은 허술해도 명인이 살면 명소가 된다고 했다.

나에게도 비슷한 경험이 있다. 나는 1969년 공인회계사 시험에 도전했다가 실패했다. 그러나 그 실패는 나에게 커다란 자본이 되었다. 대부분의 경영학과 학생들은 회계 과목 때문에 골머리를 앓는다. 그러나 나는 회계사는 되지 못했지만 회계에 대해선 두려움이 없어졌고 그에 인접해 있는 재무론, 투자론, 그리고 상법에 대해서도 결과적으로 다른 친구들보다 공부를 많이 한 셈이었다. 덕분에 재무 분야의 교수가 될 수도 있었고, 나중엔 회계에 관한 대학교재도 냈다.

인생 전체를 놓고 보면, 회계사 시험에 낙방한 것은 극히 작은 실패에 불과한 것이었다. 당시에는 시험에 떨어진 것이 속상하고 부끄러웠지만, 어쩌면 더 큰 실패를 한 사람은 그런 도전을 하지 않은 대다수의 내 동창들인지도 모르겠다. 그들 대부분은 아직도 '회계하라.' 하면 머리를 외로 꼰다. 이처럼 '실패했다'의 반대말은 '성공했다'가 아니고 '도전하지 않았다'이다.

당신의 실패를 타인의 성공으로 전환시켜라

마하트마 간디가 급히 기차를 타다가 왼쪽 신발이 벗겨져 땅에 떨어진 채 기차가 출발하게 되었다. 간디는 망설이지 않고 오른쪽 신발을 벗어 왼쪽 신발이 떨어져 있는 승강장으로 던졌다. 어차피 자신은 신지 못하게 된 신발이니, 다른 누군가라도 온전한 한 켤레를 신을 수 있길 바라는 마음에서 본능적으로 나온 행동이었다.

실패를 성공으로 둔갑시키는 두 번째 방법은 당신의 실패가 타인의 성공이 되게 하는 것이다.

자신의 실패를 타인의 성공으로 둔갑시키는 가장 감동적인 방법을 보여준 사람은 아마 테리 폭스(Terry Fox)일 것이다.

테리 폭스라는 캐나다 청년은 고작 18세의 어린 나이에 골육종이라는 뼈 암 진단을 받았다.

암이 퍼져나가는 것을 막기 위해 오른쪽 다리를 절단한 후, 그는 병원에서 다른 암환자들의 고통을 지켜보며 그들을 위한 모금운동을 하기로 결심했다. 1980년 4월 12일부터 테리 폭스는 남은 왼쪽 다리와 의족에 의지해 마라톤을 시작했고, 캐나다 동부 끝에서 출발해 6개 주를 통과하며 143일 동안 무려 5,374킬로미터를 달렸다. 거의 매일 마라톤 풀코스를 달린 셈이다. 그는 불편한 몸으로 캐나다 대륙 3분의 2를 달리는 기적을 이루어냈다.

하지만 144일째 되던 날에 암세포가 폐로 전이되면서 달리기는 중단됐고, 6개월 뒤 그는 세상을 떠났다. 그가 사망하기 전까지 암 연구기금으로 무려 2,417만 달러가 모였고, 그 이후 테리 폭스의 뜻은 세계로 퍼져나가 우리나라를 비롯해 55개국에서 매년 9월 '테리 폭스 희망의 달리기' 행사가 열리고 있다. 게다가 테리 폭스의 이 같은 불굴의 의지는 캐나다에 기부문화를 뿌리내리게 한 결정적인 계기가 됐다.

이처럼 테리 폭스는 전 세계의 수많은 사람들에게 용기를 주었다. 자신의 불행 가운데서도 다른 사람들을 돕기 위한 기회를 찾는 일에 집중했던 그는, 암이라는 자신에게 던져진 재앙을 다른 환자들의 축복으로 전환시킨 것이다. 그리고 결국 우리는 영원히 그의 이름을 기억하게 되었다. 이것이 과연 실패한 인생인가, 성공한 인생인가?

비전을 향해 가는 길에 우리는 뜻밖의 암초를 만날 수도 있고, 뜻하지 않은 불운으로 부득이 자신의 꿈을 접어야 할 때가 올 수도 있다. 그럴 때는 '반드시 내가 해야 한다.'는 생각의 감옥에서 벗어날 필요가 있다. 당신이 안 되면 당신의 동료, 당신의 친구, 당신의 제자를 도와 그 비전을 완성해나가라. 그들에게 당신의 경험과 지식을 전수하라. 혼자가 안 되면 함께 하라. 결국 그것이 당신의 비전을 달성하는 것이다.

실패를 물고 늘어져 역이용하라

실패를 성공으로 둔갑시키는 세 번째의 방법은 실패를 역이용하는 것이다.

사막에서 물을 팔고 있는데 때 아닌 비가 쏟아진다면 물장사는 실패다. 그러나 새로운 기회가 온 것이다. 물을 버리고 우산을 팔면 성공할 수 있으니까 말이다.

지금은 고인이 되었지만 코미디언 이주일 씨는 처음으로 TV에 출연했을 때 의사 가운에 청진기를 들고 등장했다. 그런데 너무 긴장한 바람에 청진기를 환자의 귀에 꽂고, 센서를 자기 몸에 대는 시늉을 했다. 순간 아차 했지만 내친 김에 그냥 밀어붙였다. 그리고 터져 나온 관객들의 엄청난 폭소. 그 다음 스토리는 모두가 잘 아는 바와 같다. 만약 그가 단 한 번의 실수에 당황해 무대를 망쳤다면, 그리고 그 순간

관객들이 폭소를 터뜨린 것을 우연한 해프닝으로 간과했더라면 오늘날 우리가 기억하는 이주일은 없었을지도 모른다.

　제럴드 포드(Gerald Ford)는 제38대 미국 대통령에 당선되었지만 뚜렷한 캐릭터가 부각되지 않아 국민들 사이에서 큰 인기를 얻는 데는 실패했다. 케네디 같은 명문가 출신도 아니고, 뭔가 뚜렷한 업적을 올린 것도 없었기 때문에 별로 기대할 것 없는 대통령이라는 비판을 받았다. 선거에 이겨놓고도 진 것이나 다름없었고, 취임도 하기 전에 패배적인 분위기가 팽배한 것이 그의 고민이었다. 그런데 그가 취임연설 서두에 다음과 같이 말하자, 전 국민이 "와아, 하하하!" 하고 폭소를 터뜨렸고 그의 실패는 씻은 듯 날아가 버렸다.
　"나는 링컨이 아니라 포드일 뿐입니다."
　'포드'와 '링컨'은 사람 이름인 동시에 자동차 이름이기도 하다. 그는 상류층의 승용차 링컨과 대중적인 승용차 포드를 빗대어 자기는 상류층보다는 대중의 대변자라는 사실을 강조했던 것이다. 그 절묘한 비유 한마디가 모든 미국인에게 시원한 웃음을 주었고 새 대통령에 대한 답답함을 풀어주었다. 포드는 자신의 모자람과 실패를 백 번 인정함으로써 오히려 자신의 정치적 이미지를 쇄신시켰을 뿐만 아니라 냉랭

하던 여론을 일순간에 반전시켜 놓았다. 제럴드 포드는 이처럼 자신의 약점(실패)을 역이용함으로써 더 큰 성공을 거둔 셈이다.

실패했다고, 혹은 약점이 있다고 낙담하지 말고 그것을 성공으로 둔갑시킬 방도를 찾아라. 교두보 확보를 위한 돌파에 실패했다고 해서, 당신이 인생의 실패자라는 뜻은 아니다. 그것은 아직 목표에 도달하지 못했다는 것을 상기시킬 뿐이다. 그 실패는 여기서 물러서야 한다는 것이 아니라 좀더 분발해야 한다는 것을, 그리고 실패를 성공으로 둔갑시킬 차례가 되었다는 것을 의미한다.

세상에는 좋은 상황을 악화시키면서 평생을 보내는 사람도 있고, 나쁜 상황을 좋게 바꾸는 사람도 있다. 무슨 일이 일어나는지는 결코 중요한 것이 아니다. 그 일에 어떻게 대처하는지가 중요할 뿐이다.

"기억하십시오, 중요한 것은 당신에게 무슨 일이 있었느냐가 아니라 그것을 어떻게 잘 관리하느냐입니다! 바로 그것이 당신의 인생에 또 다른 변화를 가져다줄 것입니다."

《정상에서 만납시다》의 저자 지그 지글러(Zig Ziglar)는 이렇게 말했다. 그런 태도만 견지한다면 언제든 실패를 성공으로 둔갑시킬 수 있다. 그렇기 때문에 우리는 "빨리 실패하고, 자주 실패하라"는 말을 흔히 듣는다. 실패 축하 파티를 열었다는 사람도 있다.

당신의 방식으로는 안 된다는 것을 알게 되었다고 해도 곧바로 포기하지 말라. 다시 도전하라. 아마도 처음에는 환경이 맞지 않아서 그랬을지도 모른다. 어쩌면 연습이 부족했을지도 모른다. 다른 방식으로 도전해보라. 컨트리 뮤지션 돈 슐리츠(Don Schlitz)처럼 탬버린을 버리고 기타를 들어라.

되지 않는 수만 가지의 방법은 포기하라. 그러나 돌파하고야 말겠다는 목표만큼은 절대 포기하지 마라. 돌파할 수 있다는 자신감도 포기하지 말라. 실패 가운데서 기회를 찾아라. 실패했더라도 성공을 위해 투자하라. 실패를 자기 극복의 도구로 활용하라. 자신은 비록 실패했지만, 그 실패가 남에게라도 도움이 되게 하라. 그것이 결국은 스스로를 성공하게 하는 비결이다.

질주
Accelerate
미쳐 내달려라

《아들아, 머뭇거리기에는 인생이 너무 짧다》가 나옴으로써 나는 이른바 '돌파'를 해냈다. 100개의 비전스쿨이라는 '대륙'으로 진군해가기 위한 해안교두보가 확보된 것이다. 나는 정신없이 뛰기 시작했다. 대학과 기업과 사회단체와 정부기관에서 강연요청이 쇄도했다. 무조건 갔다. 그리고 목이 터져라 외쳤다.

서울이건 지방이건 가리지 않았고, 덥고 춥고를 따지지도 않았다. 오직 비전, 그 줄기찬 전진의 북소리를 듣고자 하는 사람이 있다면, 그 놀라운 힘과 역동성에 대해 알고자 하는 사람들이 있기만 하면, 그야말로 발바닥에 물집이 생길 정도로 뛰고 또 뛰었다. TV에도 가고 라디오에도 가고 농촌에도 가고 섬에도 갔다. 상하이, 마닐라, 이스탄불, 필라델피아, LA, 그리고 타지키스탄의 듀샨베까지 비전스쿨의 로고가 아로새겨진 깃발을 들고 갔다. 가서 "행복은 억만금의 재산에 있는 것이 아니라 한 줄의 비전에 있다"고 말했다. 청소년 캠프도 열고 지도자 워크숍도 열었다. 신문에 기고도 하고 잡지에 칼럼도 썼다. 예외 없이, 비전이라는 단어를 발음할 때마다, 그 글자를 두드릴 때마다, 나의 목소리는 들떴고 나도 모르게 두 손은 주먹을 불끈 쥐었으며 온몸에 모골이 송연해졌다.

많은 사람을 만났다. 열정이 있는 사람, 자본이 있는 사람, 그리고 기술이 있는 사람들에게 배우고 또 배웠다. 그들과 연대하고 제휴하고 통합하면서 작은 공동체를 만들었다. 나와 합류하기 위해 어떤 사람은 부산에서, 또 어떤 사람은 광주에서 서울로 가족을 모두 이끌고 이사를 오기도 했다. 비전스쿨을 육성하기 위한 사단법인이 만들어지는가 하면 주식회사도 출범했다. 프랜차이즈 방식의 가맹점까지 생기고 있다. 아무 포털사이트나 들어가서 검색창에 이름 석 자를 치면 커다란 사진과 프로필, 방송 동영상, 그리고 책들에 관한 정보가 뜨기 시작했다.

《아들아, 머뭇거리기에는 인생이 너무 짧다》는 1권에 이어 총 다섯 권이 시리즈로 출간되었으며, 《My Life》라는 책에 이어 《Mom CEO》까지 냈다. 온라인 비전스쿨 'My Life, My Vision'도 출시했고, 《멘토》, 《리더》, 그리고 《정직의 즐거움》을 번역했다. 내 책들은 만화로도 나왔고 오디오북으로도 나왔다. 광화문에 있는 큰 서점에서는 내 강연 모습을 보여주는 비디오가 돌아가고, 그 앞에 수북하게 쌓인 내 책을 보려고 수많은 사람들이 둘러서 있는 모습도 보았다.

그렇게 3만여 시간 동안 가슴 뛰는 나날이 이어지다 보니 이제야 벌판 한가운데쯤 와 있는 느낌이다. 여기쯤 와보니 앞에는 건너야 할 바다와 넘어야 할 산이 느런히 버티고 있다. '비전'이 학교의 정규과목으로 채택되도록 하는 일이 먼저 눈앞에 보이는 큰 산이다. 100개의 비전스쿨을 설립하는 일은 가로질러야 할 바다다.

그러나 지금까지 달려온 탄력에다 나 자신을 다그치는 약간의 채찍을 가한다면, 나는 분명 저 바다를 건널 수 있다. 저 산이 높긴 해도 오르고 또 오르면 못 오를 리 없을 것이다.

콜럼버스가 신대륙을 찾아 대해를 가르고 있을 때의 일이다. 그는 아조레스 제도를 뒤로 하고 성난 파도 속을 헤치며 나아가고 있었다. 몇 날 몇 밤이 지나도 보이는 거라곤 망망한 바다와 자욱한 안개뿐이었다. 회항하자는 선원들의 원성이 자자했다. 일등 항해사가 콜럼버스에게 물었다.
"대륙은커녕 별도 하나 없네. 선장님, 이제 우린 어떡하죠?"
그러자 콜럼버스가 이렇게 소리쳤다.
"계속 앞으로! 전속력 전진!"
그 한마디는 서양사의 새로운 지평을 연 중대한 분수령이 되었다.

해안교두보가 확보되었는가? 그 완강한 저항선을 돌파했는가? 그렇다면 이젠 질풍노도와 같이 달려가는 일만 남았다. 당신만의 브랜드가 그려진 깃발을 들어라. '서태지'로 머물지 말고 '서태지와 아이들'로 변신하라. 갈 수 있는 모든 곳에 가라. 만날 수 있는 모든 사람을 만나라. 연대하고 제휴하고 통합하라. 최고봉을 점령하고, 그 다음 고지를 향해 가라. 당신의 성취를 즐거워하고 자축하라. 북치고 노래하며 춤추는 리추얼(ritual, 의식)을 거행하라.

깃발을 나부껴라,
전설적인 브랜드가 되어라

당신의 지식과 기술과 노하우를 대중적인 브랜드로 만들어라.

한 젊은이가 한적한 교외를 지나던 중 어느 아름다운 별장 앞에 서 있는 멋진 스포츠카를 보고 멈춰 섰다. 그는 가까이 가서 그 차의 번호를 적었다. 그리고 이리저리 수소문하여 차주의 이름과 주소, 전화번호를 알아냈다. 과연 예상대로 성공한 기업가였던 별장주인에게 청년은 무작정 전화를 걸었다.

"그런 고급별장과 멋진 스포츠카의 소유자라면 반드시 큰 성공을 거둔 분이실 겁니다. 제게 15분만 시간을 내주십시오. 이 젊은 사람에게 성공의 지혜를 한마디만 나눠주십시오. 취직 부탁이나 돈 얘기는 절대 하지 않겠습니다."

여러 번 만나달라고 부탁했지만 계속 퇴짜를 맞았다. 그만 포기할 때도 되었는데 청년은 열 번이고 스무 번이고 포기하지 않았다. 결국 그 기업가는 청년의 진지한 태도를 믿고 그를 만나주기로 했다. 기업가와 만난 청년은 전화할 때와 마찬가지로 그의 얘기를 경청했다. 수첩에 메모까지 해가면서 기업가가 이야기하는 성공의 지혜를 들었다. 이처럼 진지한 존경의 태도에 기업가는 스스로 도취되었고, 신나게 이야기 보따리를 풀어놓았다. 그러다보니 15분이 어느덧 150분이 되었다. 젊은이는 일어섰다.

"선생님, 제가 너무 많은 시간을 뺏은 것 같습니다. 오늘 선생님께서 들려주신 삶의 지혜를 가슴 깊이 새겨두고, 선생님처럼 반드시 성공한 사람이 되어 다시 인사드리러 오겠습니다. 선생님, 감사합니다."

"그런데 여보게, 이왕 왔으니 점심이나 먹고 가게."

"아닙니다. 바쁘신데 너무 폐가 되는 것 같습니다."

"아닐세, 자네처럼 이렇게 진실하게 살려고 하는 사람과 대화를 나누는 건 나에게도 즐거운 일이라네. 그런데 자넨 도대체 무슨 일을 하고 있는가?"

"전 ○○○보험 세일즈맨입니다."

"음, 그런가? 아차, 그러고 보니 우리 건물 화재보험이 어떻게 되었더라…."

이렇게 하여 그 세일즈맨은 간단히 수백만 달러짜리 계약을 따냈다고 한다. 보험 세일즈로 약관 27세에 백만장자가 된 폴 마이어의 일화다.

폴 마이어는 한마디로 세일즈에 통달한 사람이었다. 가령, 당장 서울에서 대전까지 가야 하는데 자동차가 없다면, 눈에 보이는 자동차 판매장으로 무작정 들어가 점원에게 말을 걸어서 그 자리에서 보험에 가입하게 만들고 그 계약금으로 새 차를 뽑아 대전까지 몰고 가는 식이었다고 한다.

'나'를 대중적인 브랜드로 패키징하라

탁월한 세일즈 비법으로 젊은 나이에 백만장자가 된 폴 마이어는 다니던 교회의 목사로부터 "폴, 자네가 세일즈를 하면서 터득한 방법들을 다른 사람들도 활용해볼 수 있도록 교육 프로그램으로 만들어보게나." 하는 권고를 받고 LMI를 설립했다. LMI는 프랜차이즈 방식으로 전 세계 약 30개국에 전파되었고, 본업인 보험업과는 비교도 안 될 만큼 더 큰 성공을 거두었다. 리더십 강사이자 자기계발서 작가로 유명한 존 맥스웰(John Maxwell) 역시 폴 마이어의 교육 프로그램 덕분에 오늘의 위치에 도달한 사람이다. 자신의 지식과 기술과 노하우를 비즈니스 브랜드로 만들어 전파시킨 사람은 그 밖에도 많다. 폴 마이어의 뒤를 이어 스티븐 코비, 브라이언 트레이시, 아니타 로딕 등, 이들 역시 자신의 지식과 노하우를 전 세계 사람들에게 나누어주기 위해 불철주야 연구하며 달리고 있다. 이들은 모두 꿈을 현실로 만들기 위해 일단 자신의 두뇌에서 지식의 빅뱅이 일어나게 했고, 그 이후에 창조된 새로운 지식과 기술과 노하우를 자신만의 저명한 브랜드로 만들었다. 그리고 그 브랜드의 힘을 이용하여 세계를 무대로 날개를 폈다.

해안교두보가 확보되었는가? 그 완강한 저항선을 돌파했다면, 이젠 질풍노도와 같이 달려가는 일만 남았다. 그렇게 달릴 땐 깃발을 들어라. 브랜드가 깃발이다. 자신을 하나의 상업적인 브랜드로 재창조하라. 잘 팔리는 브랜드, 대중적이고 상업적인 브랜드일수록 더 효과적이다. 정체성, 사명과 비전, 그리고 전략과 전술을 담아낼 수 있는 브랜드가 되어야 한다. 김아무개, 이아무개, 박아무개 대신 비보이, 번개짜장,

웃음전도사 같은 캐릭터를 만들어 브랜드로 사용하라.

브랜드가 가진 가공할 전파력으로 '당신에게 어울리는 미래'를 '모두에게 어울리는 미래'로 확장하라. 브랜드라는 깃발을 나부끼면 그것이 하나의 사회적인 트렌드가 되어 더 많은 사람들에게 혜택을 줄 수 있다. 가슴이 더 세차게 고동칠 것이다. 그러니 더 크고 더 멋진, 눈에 더 잘 띄는 깃발일수록 좋다.

손으로 만져지는 자산은 아니지만 브랜드의 힘은 상상 이상이다. 시장조사 업체인 밀워드 브라운 옵티머(Millward Brown Optimor)에 따르면 '2007년 가장 강력한 글로벌 브랜드(및 그 브랜드 가치)' 1위는 구글(664억 달러), 2위는 GE(619억 달러), 3위는 마이크로소프트(550억 달러), 4위는 코카콜라(441억 달러)라고 한다. 최근엔 조금 주춤하지만 '코카콜라' 브랜드는 2001년부터 2005년까지 부동의 세계 1위 브랜드였다. 한때 코카콜라의 브랜드 가치는 838억 달러, 이는 코카콜라 회사 총자산의 15배에 해당되는 금액이었다. 이만하면 무형의 자산인 브랜드의 가치를 충분히 짐작할 수 있지 않겠는가? 평가액이 그 정도라는 것은 사람들의 뇌리에 그만큼 많이 각인되었고, 또 그만한 영향력을 발휘하고 있다는 뜻이다.

'브랜드'는 남과 나를 차별화하는 가장 큰 기준이다. 일관된 목적을 갖고 만든 단일한 아이덴티티라고도 말할 수 있다. 그런데 브랜드 전략은 이제 더 이상 기업이나 제품만을 위한 것이 아니다. 앞으로는 존재하는 모든 것이 브랜드화 된다고 해도 과언이 아닐 것이다. 사람은 물론이고 도시, 축제, 서비스 등 모두 브랜드가 될 수 있다.

런던은 '유행을 선도하는 도시'로 브랜드 이미지를 구축했고, MIT가 구축한 첨단산업기지 덕분에 보스턴의 128번 도로는 '미국의 정보고속도로'라는 브랜드를 갖게 되었다. 심지어 군대조차도 '자유를 수호하는 임무'를 브랜드 이미지로 내세우고 있다. 연예계 스타들이나 유명 인사들은 이미 오래 전부터 퍼스널 아이덴티티 전략을 가지고 이미지를 구축해 가고 있지 않은가? 섹시함의 대명사 가수 마돈나, 행복한 가정을 만드는 살림의 여왕 마사 스튜어트, 어딜 가나 화제를 몰고 다니는 축구스타 데이비드 베컴, 썼다 하면 무조건 베스트셀러가 되는 작가 공지영 등이 모두 브랜드다. 도시, 나라, 정치인, 연예인, 하다못해 고속도로까지도 모두 브랜드가 되고 있는 마당에, 당신은 어떤 브랜드 전략으로 그들과 경쟁할 것인가?

뢴트겐, 에디슨, 노벨처럼 원천기술의 보유자가 돼라. '서태지'로 머물지 말고 '서태지와 아이들'로 변신하라. 누구도 따라올 수 없는 특화된 경쟁력을 가지고 주위 사람들과 연대하는 것, 나만의 브랜드를 만들고 키우는 방법은 이것뿐이다. 평범한 수준으로는 불가능하고, 독불장군처럼 혼자 설치는 것으로는 더더욱 단명할 수밖에 없다. 또한 지식을 판매할 수 있는 상태로 패키징 하는 훈련을 쌓아야 한다. 저명한 브랜드 창시자를 한 명 선정해서, 집요하게 그를 분석하고 연구하는 것도 좋은 방법이다.

스스로 전설이 되어라

찰리 채플린(Charlie Chaplin)은 스타덤에 오른 후에도 좀더 완벽해지기 위해, 끊임없이 학습하고 성장하기 위해, 그야말로 자신과의 무서운 전쟁을 벌였다. 그는 자신의 연기를 녹화한 필름들을 꼼꼼히 반복해서 보면서 자신이 어떤 표정으로 어떤 동작을 했을 때 사람들이 웃지 않는지에 집중했다.

그는 필름을 보다가 '이렇게 하면 사람들이 반드시 웃겠지?'라고 생각한 대목에서 웃지 않는 사람이 있다는 사실을 발견하면, 즉시 그 동작을 아주 세밀하게 쪼개어서 다시 관찰했다. 그 대목에서 그 아이디어가 정말 별로였는지, 연기가 잘못된 것인지 아이디어가 문제인지를 고민했고, 그 이유가 명쾌하게 드러날 때까지 끈질기게 반복해서 들여다보았다. 뿐만 아니라 전혀 기대하지 않았던 대목에서 사람들이 웃었다면, 그들이 왜 웃을 수밖에 없었는지 그 이유를 끝까지 추적했다.

채플린이 이미 얻은 명성과 인기, 돈에 만족하고 더 이상 공부를 하지 않았다면 그는 다만 한때 인기를 끌다 곧 잊혀져버린 배우가 되었을 것이다. 그러나 그의 이름은 지금도 불멸의 스타, 전설이 되어 그 빛을 뽐내고 있다. 채플린은 작은 성공에 자만하지 않고 지속적으로 완벽의 경지, 더 큰 꿈을 향해 달려갔다. 주마가편(走馬加鞭)이라고 했던가? 자기 자신이라는 경주마의 엉덩이에 '집요함'이라는 가차 없는 채찍질을 가한 것이다.

채플린처럼 비범한 동력으로 자신의 가슴을 뛰게 한 또 한 명의 위대한 전설의 주인공은 풋볼코치 빈스 롬바르디(Vince Lombardi)였다. 그는 NFL 3년 연속 우승, 슈퍼볼 2년 연속 우승이라는 미국 풋볼 역사상 전무후무한 위업을 달성한 전설의 인물이다.

1962년 가을, 쿠바 미사일 위기가 최고조에 달했을 때다. 미국은 소련과 쿠바에 최후통첩을 해놓은 상태였다. 쿠바 섬에 있는 모든 소련제 핵무기를 철거하든지 아니면 미국과 전면전에 돌입하든지, 둘 중 하나를 선택해야 하는 일촉즉발의 순간이었다. 미국인들뿐만 아니라 전 세계가 전쟁의 공포에 전율하고 있었다.

세계대전이 벌어질지도 모르는, 바로 그 긴장된 날에도 그린 베이 팩커스 풋볼 팀은 아무 일 없다는 듯 훈련이 예정되어 있었다. 당시 팩커스의 코치가 바로 빈스 롬바르디였다. 팀의 한 관계자가 롬바르디에게 그날만은 아무래도 훈련을 연기하는 게 낫겠다고 말했다. 그러나 롬바르디의 답변은 단호했다.

"염병할 쿠바, 연습하러 갑시다."

자신을 다그치는 그의 가혹한 채찍은 거기서 멈추지 않았다. 1969년 여름 존 F. 케네디의 '달 위를 걷는 인간'이라는 꿈이 현실로 이루어져 닐 암스트롱을 비롯한 우주인들이 달에 착륙하는 날, 미국과 전 세계가 흥분에 휩싸여 있었다. 모든 사람이 약속을 취소하고 화면에 비치는 달 착륙의 순간, 달 위를 걷는 인간의 모습을 보기 위해 온통 난리법석이었다.

당시 롬바르디는 워싱턴 레드스킨스 팀을 맡고 있었고, 공교롭게 그날도 레드스킨스는 훈련이 예정되어 있었다. 팀 관계자가 롬바르디에게 훈련을 30분만 늦추면 역사적인 유인 우주선 달 착륙 광경도 지켜볼 수 있고 연습에도 지장이 없지 않겠느냐고 설득했다.

"안 돼!"

롬바르디의 대답이었다.

"그래봤자, 우주인들이나 레드스킨스 어느 쪽에도 도움이 안 돼."

연습을 연기할 수 없는 이유였다.

선수들이 다 모이자 롬바르디는 용기와 헌신에 관한 짧은 정신교육에 이어, 선수들과 함께 운동장에 무릎 꿇고 앉아 아폴로 우주선의 성공적인 달 착륙을 위해 기도했다. 그러곤 곧바로 연습을 시작했다.

"그날 연습깨나 했었죠."

한 선수는 당시를 회고하며 말했다. 전쟁터의 장수들은 말이 힘껏 달리면 달릴수록 더욱 매서운 채찍을 가한다. 광활한 들판을 단숨에 가로지르기 위해선 멈춤이란 있을 수 없다. 오직 전속력 질주만이 계속되어야 한다.

주마가편, 달릴수록 더 박차를 가한다

교두보를 확보했는가? 회계사로서, 방송인으로서, 작가로서, 교수로서, 경영자로서, 회사 간부로서, 디자이너로서, 자영업자로서, 발명가로서, 엔지니어로서, 의사로서, 애널리스트로서, 연기자로서, 여행가로서, 리포터로서, 아니면 건축가로서 세상으로 나아가는 교두보를 확보했다면, 그래서 선명한 브랜드가 있는 깃발을 나부끼며 달리기 시작했다면, 이제 달리는 그 말에 가할 채찍을 치켜들어야 한다.

그럴 때 어울리는 것이 자기경영 마일리지라는 채찍이다. 어떤 이는 다섯 가지 마일리지를 사용한다. 자신의 목표지점에 성공적으로 도착하기 위해서는 무엇보다 비전, 건강, 지식, 가족, 그리고 인맥의 다섯 가지 요소가 핵심이기 때문에 그 요소들에 대해 구체적인 행동목표를 수치로 만들어 매주, 매달 점검한다.

- 그는 먼저 건강을 관리하는 도구로서 달리기 총 거리를 선택했다. 하루 3킬로미터, 주 15킬로미터, 월 60킬로미터, 연 720킬로미터가 그의 기준이다.
- 가족의 상태를 점검하고 아픈 곳과 가려운 곳을 찾아내

며 화합과 신뢰를 돈독히 해나가는 마일리지로서 그는 부부여행을 선택했다. 부부가 좋아하는 바닷가와 산골 마을을 찾아다니며 격의 없는 대화를 나누는 시간을 월 10시간, 연 120시간 이상 가진다는 것이 그의 목표다.

- 지식을 축적하고 활용하는 능력을 키워나가기 위한 그의 마일리지는 서점방문 횟수다. 직접 차를 몰고 서점에 갈 때도 있지만 인터넷 서점을 방문하는 것이 그의 취미다. 그는 월 4회 이상 인터넷 서점을, 1회 이상 오프라인 매장을, 그래서 연 60회 이상 서점을 방문하는 것을 목표로 하고 있다.
- 사람들과의 관계를 강화하며 인맥을 관리하기 위한 그의 마일리지는 찬사메시지 발송 건수다. 인상적인 대화를 나누었거나 감동적인 강의를 들었거나 유익한 강습을 받았으면 지체 없이 그 강사나 대화상대에게 고마움과 감동의 마음을 전하는 메시지를 보내는 것이다. 답장을 요구하지는 않지만 인상적인 메시지를 전한다. 때론 직접 통화로, 음성이나 문자 메시지로, 혹은 이메일로, 혹은 홈피에 글을 남기는 방법으로 하루에 두 건 이상, 월 50건 이상, 연 600건 이상의 찬사메시지를 보내는 것이 그의 기준이다.

- 그는 비전을 강화하고 자기정체성을 유지하는 관리수단으로 다이어리 사용시간이라는 마일리지를 선택했다. 아무리 바빠도 하루 15분 이상 다이어리에다 목표, 미래모습, 해야 할 일의 목록, 약속, 일정계획, 가보고 싶은 장소, 읽어보고 싶은 책, 만나보고 싶은 사람들의 명단 등을 기록하는 것이다.

성공의 이정표, 자기경영 마일리지

언젠가 부산의 R주식회사 S사장을 비롯한 임직원 20여 명과 하루짜리 워크숍을 가진 적이 있다. 나는 늘 하던 대로 개인 사명선언문을 만들게 하고, 자기경영 마일리지들을 설정하도록 독려하였고 역시 엄숙한 비전선포식도 거행했다. 8개월이 지난 뒤에 S사장으로부터 아주 정중한 저녁식사 초대를 받았다.

S사장은 전보다 한층 진지하면서도 밝아진, 적극적인 모습이었다. 악수를 나누고 자리를 정해 앉은 뒤 내가 물었다.

"무슨 중요한 하실 말씀이라도 있으신지요?"

"네, 지난번 워크숍 때 교수님께서 자기경영 마일리지를 설정하라고 하셨지요. 그래서 전 배운 대로 하루도 빼놓지 않고 제 자신의 마일리지들을 기록하고 관리했습니다. 지난 8개월 동안 주욱~ 말이죠. 아, 그랬더니 제가 이렇게 달라지고 행복해졌습니다. 회사도 달라지고 집사람과 아이들도 달라지고요. 정말 너무 좋은 방법을 알려주셨어요. 그래서 감사하다는 인사를 드리려고 이렇게 뵙자고 했습니다."

그는 가방에서 두툼한 다이어리를 꺼내 자기가 기록한 마일리지들 하나하나 짚어가며 그것이 쌓여가면서 자신에게 생긴 내적인 변화와 사업상의 성과들을 설명했다.

"그럼 사장님 혼자서만 열심히 하시나요? 다른 직원들은요?"

"직원들도 열심히 합니다. 처음엔 귀찮아하고 힘들어했지만 이젠 모두 익숙해졌습니다."

지금 R주식회사는 눈부신 성장을 거듭하고 있다. S사장은 그런 탁월한 방법을 어떻게든 더 많은 사람에게 알려주어야 한다며 강교수비전스쿨의 운영에도 적극 참여하고 있을 정도다. 그만큼 자기경영 마일리지라는 자기채찍의 효과를 경험으로 알게 된 것이다.

당신이 도착해야 할 삶의 최종 목표지점을 정했다면 목적지까지 친절하게 길을 알려줄 푯말을 세워라. 교두보를 확보했으니 이제 대륙을 가로질러 달려야 한다. 자기를 관리하는 이정표인 자기경영 마일리지는 자신이 어디에서 출발하여 어디로 가고 있는지, 지금쯤 어디에 와 있는지, 그리고 자기가 누구인지를 잊지 않게 하는, 상황판이자 관리도구다. 마일리지를 쌓듯이 달성 중인 과업의 진행상황을 차근차근 기록하라.

  마일리지 막대그래프가 점점 높아진다는 것은 당신의 꿈이 점점 현실에 가까워지고 있다는 것을 증명한다. 함께 일하는 동역자, 팀원들에게도 막대그래프를 보여주어라. 그것이 당신에게서 풍기는 비전의 향기다. 마일리지 항목 각각에 대해 생애통산목표를 세우고, 매주 실적을 기록하라. 기록을 보며 자신이 얼마나 달라지고 얼마나 성장했는지 확인하라. 어느 정도의 스피드로 달리고 있는지를 가늠해보라. 마일리지들의 막대그래프가 한 칸 한 칸 올라갈 때마다 짜릿한 성취의 희열을 경험하게 될 것이다.

들판을 가로지르고
바다를 갈라라

가슴 뛰는 삶의 환희는 한 시대, 한 분야를 완전히 평정하고 석권했을 때 비로소 그 절정에 도달한다.

이제 비전을 향한 당신의 도전은 클라이맥스를 향해 치닫고 있다. 숙명적인 키워드를 찾아내는 것, 당신에게 어울리는 미래를 구체적으로 그리는 것, 그런 미래를 창조하기 위해 유전자 스위치를 ON으로 올리고 지식의 임계질량을 돌파한 것, 생각의 임계각을 플러스 울트라(Plus Ultra)에서 한 발 더 나아간 것, 그리고 완강하던 저항선을 돌파하여 교두보를 확보한 것, 브랜드의 깃발을 내건 것, 자기경영 마일리지라는 채찍을 치켜든 것, 이 모든 것은 결국 지금 당신 앞에 펼쳐져 있는 저 광활한 대륙을 통째로 손에 넣기 위한 것이었다.

연대하고 통합하라, 지평을 넓혀라

가슴 뛰는 삶의 환희는 한 시대, 한 분야를 완전히 평정하고 석권하고 하나로 통합시키는 날, 그 클라이맥스에 도달한다. 그래서 그 시대 그 분야를 대표하고 책임지고 이끌어나가는 수고로움에서 극치의 기쁨을 맛볼 수 있다. 그러기 위해서는 다방면 다분야로 폭을 넓혀, 갈 수 있는 모든 곳에 가고, 만날 수 있는 모든 사람을 만나야 한다. 당신의 키워드와 당신의 브랜드, 그리고 무엇보다 당신의 출사표에 적힌 최종 목표지점과 관계된 모든 모임에 참가하라. 거기서 만나는 사람들과 사귀고, 그들에게서 배워라. 저명인사들과 사귀고, 이웃 주민들과도 사귀어라. 초, 중, 고, 대학 동창들과도 접촉하라. 누군가가 정보를 요청하면 기꺼이 호의를 베풀고, 우정도 주고받아라.

그러다 보면 연대하고 제휴하고 통합할 수 있다. 취지와 목적이 유사하다면, 목표가 같고 이해관계가 일치하면 기술적으로, 인적으로, 나아가 자본적인 결합까지도 도모할 수 있다.

가로로 지평을 넓히는 일만큼이나 깊이 파내려가는 일도 중요하다. 당신이 집중하고 있는 분야의 지식을 끊임없이 읽고 말하고 써라. 하나도 놓치지 마라. 집요하게 새로운 지식을 흡수하고 변화를 읽어 트렌드를 통찰해야 한다. 지속적으로 읽고 쓰고 인용하고 재해석하고 궁리하고 재편성해야 획기적인 컨텐츠를 지속적으로 내놓을 수 있다.

즐기는 놈은 당해낼 재간이 없다

당신의 분야, 저 넓은 들판과 저 망망한 대해를 가로지르는 길이 너무 어렵고 아득하게만 느껴지는가? 끝까지 참으면서 언젠가는 그곳에 이르러 그동안 누리지 못했던 것들을 누리며 즐기려고 안간힘을 쓰지 마라. 그러다 보면 목표지점은 점점 더 멀어지고 나중엔 끝이 어딘지 잘 보이지도 않게 된다. 참고 또 참으며 먼 훗날의 즐거움을 위해 현재의 자신을 고통스럽게 끌고 다니지 마라. 실패로 가는 지름길이다.

들판을 끝까지 성공적으로 가로지르기 위해서는 매일의 여정에 희락이 넘쳐야 한다. 희락이란, 무엇인가를 이루기 위해 어려운 일들을 해낸 다음에 찾아오는 감정이 아니다. 희락은 전속력으로 질주하고 있는 바로 그 순간 우러나오는 감정이다. 전속력 질주, 그 자체에서 즐거움과 행복을 느끼지 못한다면 결코 완주할 수 없다. 과정을 즐기는 법을 배워라.

깃발을 나부끼고, 채찍을 휘두르고, 전속력으로 질주하는 그 모든 수고를 즐거운 놀이로 만들어라.

예를 들면 나는 '강연'이라는 경주의 즐거움에 대해 이렇게 생각한다. 강연을 준비하기 위해서는 수많은 책을 읽어야 하고 다른 사람의 강의도 들어야 한다. 시청각자료도 준비해야 하고 내용을 효과적으로 전달하기 위해 때론 연기연습도 해야 한다. 이는 무척 고단한 일이다. 그러나 나는 그렇게 준비하는 과정에서부터, 그날 입을 양복을 고를 때, 거울을 보며 넥타이를 맬 때, 가방을 챙겨들고 대문을 나설 때, 기차를 타고 현장까지 이동하는 동안 내내 가슴이 터질 듯이 벅차오른다.

강연이 끝나고 터져 나오는 뜨거운 환호와 박수소리. 이런 소리들이 귓가에 쟁쟁할 때 내 몸의 모든 세포들은 일제히 일어나 춤을 춘다. 사인을 부탁하며 악수를 청하는 청중들의 따스함이 온몸으로 퍼질 때 내 열정의 온도는 끝도 없이 올라간다. 그래서 나에게는 강연보다, 그리고 강연준비보다 더 재미있는 놀이는 이 세상에 없는 것 같다.

처음에는 작은 갈채에 마음이 들뜨고 그 재미로 강연을 한 적도 있다. 그러나 시간이 지날수록 박수소리보다는, 사람들이 잊어버렸던 자신의 비전을 되찾고 전혀 새로운 삶을 살기 시작하는 모습에서 더 큰 감동을 느꼈다. 그리고 그런 사람들의 모습을 더욱 감사히 여기며 마음 깊이 담아두게 되었다. 누가 뭐라 하건 세상에서 가장 값진 일을 하고 있다는 자긍심 때문에 나는 더욱 그 일에 몰입하게 되었다.

 그토록 지극한 즐거움 속에서만 시간을 보내면, 뭔가 잘못되고 문제가 생겨야 할 것 같은데 오히려 매사가 더 잘 풀리고 잘 되기만 한다는 게 어쩐지 좀 신기하지 않은가? 어제도 즐기고, 오늘도 즐기고, 내일도 또…. 이렇게 즐기기만 하는데 어느덧 여기저기에 비전스쿨이 설립되었다고 하는 소식을 전해 듣다 보면 춤추고 노래하고 싶은 충동을 억제할 수가 없게 된다.
 당신만의 브랜드가 아로새겨진 깃발을 나부끼며 말채찍을 높이 치켜든 당신, 이젠 들판을 가로지르고 바다를 가를 때가 왔다. 갈 수 있는 모든 곳에 가라. 만날 수 있는 모든 사람을 만나라. 연대하고 제휴하고 통합하라. 거대한 네트워크를 형성하라. 그러면서도 계속해서 읽고 말하고 써라. 지식으로 기술을 만들고, 기술로 시간을, 시간으로 더 깊고 풍성하게 지식을 증식시켜라. 그리고 그 모든 과정을 즐겨라. 노력하는 자는 천재를 이기고 즐기는 자는 노력하는 자를 이길 수 있다.

우회하지 말고 암벽을 기어올라라

지식의 임계질량을 돌파하기 위하여 책을 읽을 때 그 분야 일인자의 대표작을 열 번 이상 읽고 그가 쓴 모든 책을 다 읽고 그에 관한 기사를 샅샅이 다 검색하자고 했던 결심을 기억하는가? 이제 당신이 그런 검색의 대상인물이 될 차례다.

벌판을 지나 바다를 가르노라면 결국엔 험준한 산봉우리가 당신을 기다릴 것이다. 당신의 분야를 대표하고 그 분야를 책임지고 이끌어가고 있는 최고봉이 당신을 기다리고 있을 것이다. 그 산을 넘어라. 넘되, 아무도 가지 않은 길로 올라가라. 길이 없는 쪽으로, 새로운 길을 내면서 가라. 아무도 가지 않았던 코스로 자일을 박으며 암벽을 기어올라라.

그렇게 정상에 서면, 세상을 향해 힘껏 포효하라. 그러나 그곳에 너무 오래 머물진 마라. 내려올 땐 반대편으로 내려오되 재빨리 내려오라. 다음 차례로 정상에 오른 사람이 포효를 시작하기 전에 자취를 감춰라. 그리고 더 높은 다음 산을 향해 멋지게 하산하라.

해보지도 않고서 지레 겁먹거나 섣불리 판단하는가? 아무도 가지 않은 길을 가고, 그 누구도 생각하지 못한 것을 생각해내라. 스승과 선배들이 '아아!' 하고 감탄하며 무릎을 치게 하라. 아무도 사용하지 않았던 단어를 생산해내라. 세종은 훈민정음이라는 단어를, 케네디는 우주정거장이라는 단어를, 정약용은 실학이라는 단어를 생산했듯이, 단어의 생산이 곧 인간의 진보다.

하이젠베르크의 원리, 돌터니즘, 뢴트겐 선, 피타고라스의 정리, 파레토 최적, 테일러리즘과 같이 당신의 이름이 새로운 시사용어 또는 학술용어가 되게 하라. 아니면 존슨앤존슨, 이스트만 코닥, 잔피엘, 메리케이, 질레트, 마쓰시타, 스즈키 등과 같이 당신의 이름이 유명 상표가 되게 하라. 아니면 거북선, 훈민정음, 폴라로이드, 디즈니랜드, 페니실린처럼 당신이 만들거나 발견한 어떤 물건이나 물질에 당신이 이름을 붙여라. 예를 들어 나는 지금까지 '비전스쿨'이라는 단어와 'Mom CEO'라는 단어를 만들었다. 인생의 키워드, 나만의 아이디어를 나만의 신조어로 만들어보라.

그 새로운 단어에 적용할 새로운 방정식을 만들어내고 신개념의 디자인을 적용하라. 전에는 보지도 듣지도 못하던 엉뚱한 프로세스, 모든 사람이 불가능하다고 말하던 혁신적인 시스템으로 승부를 걸어라.

암벽을 기어올라라. 우회하지 말고 직선코스로 기어올라

라. 시대의 핫 이슈, 핵심과제에 도전하라. 정곡을 찔러라. 정곡을 찌르는 어젠다(Agenda)를 공론화시켜 꺼내고 그에 대한 해법을 내놓아라. 해법을 실제 적용하여 그 효과와 효능을 학계와 실무 전문가들, 일반인 앞에서 증명해보여라.

어쩌다 실수하여 자일이 빠지면 지금까지 쌓아온 모든 것이 일시에 물거품이 될 수도 있다. 하지만 떨어졌어도 죽지 않았다면, 다시 시작해서 실패를 성공으로 둔갑시키면 된다. 그런 모험을 하지 않고는, 둘러가거나 비켜갈 수는 있을지 몰라도 넘을 수는 없다.

정상을 정복하고 산을 넘는 자는 거대한 영예를 안고 그곳을 떠나지만 우회로를 따라간 자들에게는 정상에 오른 자가 남긴 승리의 부스러기가 돌아갈 뿐이다. 그들은 아무리 노력을 해도 비겁한 모방자라는 콤플렉스를 견뎌야 한다. 그게 더 큰 고통이다.

내려올 땐 조용히, 그러나 신속하게 내려오라. 모든 활동을 일시에 중단하라. 산속이나 바닷가나 아니면 그냥 오지의 시골마을로, 먼 곳으로 가라. 거기서 자신을 되돌아보고 붓을 들어라. 후일 당신과 같은 키워드를 가지고, 그러나 당신보다 더 멋진 꿈을 사냥하려는 사람들에게 남기고 싶은 이야기들을 촘촘히 적어라.

북 치고 노래하고
춤을 추어라

험한 산 하나를 넘었거나 큰 강 하나를 건넜을 땐
축제를 겸한 리추얼을 거행하라.

스포츠 과학자이자 《몸과 영혼의 에너지 발전소》의 저자인 짐 로허(Jim Loehr)는 손에 꼽히는 세계 톱 랭킹의 프로 테니스 선수들과 나머지 숱한 조무래기 선수들이 어떤 기준에 의해서 나뉘는지 그 이유를 알고 싶었다. 그래서 짐은 오랜 시간에 걸쳐 세계적인 프로선수들의 경기 장면이 담긴 테이프를 보고 또 보며 유심히 관찰했다. 실망스럽게도 포인트가 진행되는 동안 선수들이 보여주는 습관에는 별다른 차이점이 없었다. 그러나 포인트와 포인트 사이를 주목하자 뭔가 뚜렷한 차이점이 보이기 시작했다.

대개 스스로도 의식하지 못하는 것 같았지만, 최고의 프로

선수들은 포인트 사이 휴식 시간마다 독특한 행동을 보여주었다. 고개나 어깨를 추스르거나, 눈을 지그시 뜨고 어느 한 곳을 뚫어지게 보거나, 숨을 고르거나 혼잣말을 하는 것 같은 행동이 보였다. 스타 선수들은 본능적으로 포인트 사이의 짧은 시간 동안에 리추얼(ritual, 의식)을 갖고 최대한 에너지를 집중시키는 데 이용하는 것이었다. 반면 성적이 저조한 선수들에게는 이런 순간적인 리추얼 습관이 거의 없었다.

축제는 브레이크가 아니라 가속페달이다

정기적으로도 축제를 열어라. 축제는 곧 리추얼이다. 벌판을 달리다가 험한 산 하나를 넘었을 때나 큰 강 하나를 건넜을 때는 반드시 축제를 열어라. 북치고 노래하며 춤을 추어라. 작은 성취들을 하나하나 조목조목 축하하라. 작은 목표가 달성되면 그 사실을 확인하고 기록하고 감사의 말을 하라. 스스로 자랑스러워하라. 당신의 성취를 느끼고 즐거워하라. 큰 목표가 달성되면 더 크게 축하하라. 가족과 친구들을 파티에 초대하고 강아지나 금붕어에게도 맛있는 음식을 주어라. 기독교 신자라면 감사헌금을 내고 불교 신자라면 시주를 하고 이웃돕기 재단에도 기부를 하라. 목표가 달성된 것만 축하하지 말고, 새로운, 더 가치 있는 새로운 목표가 생긴 것도 축하하라. 모두들 모여서 한바탕 웃고 떠들며 전속력 질주를 다짐하고 또 다짐하라. 형태는 아무래도 좋다.

  아메리칸 인디언들의 기우제처럼 리추얼을 열어보는 것은 어떨까? 아메리칸 인디언들의 기우제는 사실 대단하고 요란한 의식이 아니다. 주술의 원이라고 하는 특별한 공간에 들어가 눈을 감은 채 천천히 돌며 춤을 추는 것이 고작이다. 그런데 그때 그들은 비가 오는 것을 상상하며 춤춘다. 하늘에서 쏟아지는 비를 맞으며 기쁘게 춤추는 자신의 모습을 눈을 감고 내다보는 것이다. 얼굴에 떨어지는 빗방울의 감촉을 느끼고, 빗물에 패여 웅덩이가 생기는 것도 보고, 상상으로나마 그런 기쁨을 만끽한다. 그들은 자신이 비를 봤으므로 곧 비가 올 거라고 믿는다. 기적이라는 것은 믿음에서 생겨난다. 비가 오는 모습을 선명하게 그리지도 않고서 그냥 비를 내려달라고 막연하게 빌기만 한다고 비가 내리는 건 아니라는 말이다.

  충분히 시간을 내서 정기적으로, 그리고 지속적으로 축제를 열어라. 축제는 자만이 아니다. 해이는 더더욱 아니다. 계속되는 진군이며 가속페달이다. 음악회도 좋고 무도회도 좋다. 함께 꿈을 노래하고 시도 낭송하라. 그러면 더 빠르고 더 줄기차게 내달리기 위한 에너지가 충전된다. 내가 권하고 싶은 것은 '미래의 나' 그리기 대회와 거짓말 경진대회다.

'미래의 나' 그리기 대회는 말 그대로, 당신이 꿈꾸고 있는 미래의 모습을 그림으로 그려보는 시간이다. 엄청나게 잘 그릴 필요도 없고, 그저 되고 싶은 모습을 구체적으로 상상해보면 된다. 필요하다면 잡지에 나온 이미지들을 뜯어 붙여 콜라주로 만들어도 좋다.

그리고 거짓말 경진대회는 앞으로 당신이 성취해낼 대단한 성공을 마음껏 부풀려 말하는 대회다. 가령 당신이 성공한 발명가가 되고 싶다면 이렇게 말해보는 것이다.

"난 특허를 팔아 290억 원을 받았어. 그래서 그 분야를 연구하려는 꿈나무 200명을 설악산으로 초청했지. 그리고 모든 학생들에게 각 1억 원씩 장학금으로 나누어주었어. 그래도 90억 원이 남았으니까 쓸데없는 발명품들을 만들어내느라 매일 100만 원씩 써도 30년은 버틸 수 있게 되었어." 하는 식으로 거짓말을 늘어놓아보라. 능청스럽지만 진지하게 늘어놓는 즐거운 거짓말 대회, 거짓말 파티를 열어라.

축제는 브레이크가 아니라 가속페달이다. 원기를 재충전시키고 유전자들에게 스위치 ON 상태를 유지하도록 드라이브를 거는 신호행위다. 축제는 활활 타오르는 장작에 기름을 들이붓는 것, 그래서 최후의 한 방울까지 남김없이, 더 격렬하게, 더 집어삼킬 듯이 타오르도록 하는 의도적인 노력이다. 그것은 달리는 말에 채찍을 가하는 것이며, 경기 도중에 선수들이 서로 파이팅을 외치거나 하이파이브를 하는 것과 같은 동작이다. 자기 재충전, 자기 확인, 자기 결의, 자기 강화를 위한 리추얼이다. 그러니 적극적으로 축제를 열어 그것이 하나의 습관으로 자리 잡을 수 있도록 지속적으로 해나가는 것이 중요하다.

리추얼을 겸한 팸퍼링을 즐겨라

프랭크 베트거(Frank Bettger)는 보험상품을 팔기 위해 하루에 다섯 명씩 찾아가기로 결심했다. 그리고 자신이 하루에 찾아간 고객 수와 이름을 일일이 기록했다. 1년이 지난 다음 기록을 정리해보니까 12개월 동안의 총 방문횟수는 1,849회로 한 번 방문할 때마다 2달러 30센트를 벌어들였다는 계산이

나왔다. 그리고 보험계약의 70%가 첫 번째 방문에서 이루어 졌고, 23%는 두 번째 방문에서, 나머지 7%가 세 번째 방문에서 이루어졌다는 사실이 밝혀졌다. 그런데도 방문하느라 사용한 시간의 절반 이상이 7%의 효과밖에 없는 3회째 방문에 소비되었다는 것을 알게 되었다.

기록에 의한 평가를 통해서 그는 3회째와 2회째 방문의 비중을 줄여나갔다. 시간의 원가계산을 한 것이다. 그래서 처음에는 29명을 찾아가서 1건의 보험계약을 성사시키던 것이, 시간의 원가계산 덕분에 25명 방문에 1건, 15명 방문에 1건, 10명 방문에 1건 하는 식으로 시간 대비 효율을 점점 개선해 나갔다.

그 결과 처음에 1명을 찾아갈 때마다 생기는 수입이 2달러 30센트이던 것이, 4달러 27센트, 나중에는 19달러까지 올라갔다. 그런 식으로 효율을 높이다 보니까 베트거는 결국 토요일과 일요일에는 아무 일도 하지 않고 몸과 마음의 원기를 재충전시키고 더욱 맹렬히 대시해갈 결의를 다지는 것이 일주일의 총수입, 즉 1시간의 가치를 최대로 높이는 유일한 방안이라는 것을 알아냈다.

이처럼 당신의 일상을 되돌아보고 시간을 좀더 지혜롭게 사용할 수 있는 방법들을 찾아보자. 고통스럽고 미련스럽게 시간을 투자하지 마라. 즐겁지 않으면 비전이 아니다. 끝까지 즐기면서 가려면, 이러한 시간의 원가계산도 필요하다.

주고받으면 더욱 강력해지는 축하

자신의 성취만 축하하지 말고 주변 사람들의 작은 성취도 기념하라. 그러면 그들도 당신의 작은 성공을 크게 축하해줄 것이다. 그렇게 서로 격려하며 느끼는 즐거움이야말로 엄청난 긍정 에너지를 발생시킨다.

광화문 근처에 있던 '서울비전스쿨'이, 이름을 '강교수비전스쿨'로 바꾸고 서울교대 근처로 이전했다. 이전을 기념하는 작은 축제가 열렸다. 고교 동창생들의 모임인 소양회원 10여 명도 몰려와 축하해주었다. 나는 그들을 음식점으로 안내했다. 조촐한 회식을 마치고 내가 계산대 앞에 섰을 때 일행 중 김정희라는 친구가 나를 밀어내며 진지한 표정으로 말했다.

"여보게, 친구! 오늘은 내가 쏘겠네. 자네가 이렇게 새로운 곳에서 새롭게 시작하는 모습이 보기 좋아. 자네보다 내가 더 즐거워. 나에게 기회를 주게!"

순간 코끝이 찡해졌다. 나는 순순히 비켜났다. 그 모습을 보고 있던 다른 모든 친구들도 작은 감동을 경험했다. 그 후로 나는 그 음식점 앞을 지날 때마다, 그 친구의 기대 이상을 이루리라 다짐하곤 한다.

리추얼이라고 해서 뭔가 특별하고 거창한 것을 해야 할 필요는 없다. 달리기도 좋고, 반신욕도 좋고, 골프도 좋고, 낮잠도 좋다. 윈스턴 처칠은 2차 대전이 벌어진 이후에도 오히려 매일 낮잠을 잤다. 낮에 옷을 벗고 침대로 들어가는 것, 그것이 그가 전쟁을 승리로 이끌고 영국수상으로서 책임을 완수할 수 있는 유일한 방법이었다고 말했다. 하루를 이틀처럼, 혹은 적어도 하루를 하루 더하기 반나절처럼 보낼 수 있게 된다는 것이다. 처칠처럼 한다면 낮잠도 리추얼이다.

미국의 골프잡지인 〈골프 다이제스트 Golf Digest〉는 CEO의 골프 핸디캡과 회사경영 상태를 조사한 결과, "골프 잘 치는 CEO가 회사경영도 잘한다"는 재미있는 결론을 내리기도 했다. 웃음, 놀이, 바보짓을 할 시간을 내라. 팸퍼링(Pampering), 즉 자신의 욕망을 채워주고 응석을 받아주는 여러 가지 활동들을 일과에 포함시켜라. 뜨거운 물에 몸을 담그거나, 정기적으로 마사지를 받는 것도 좋다. 빈둥거리고 사치도 좀 부려보라. 수행을 통해 재충전하라. 철학자 톰 모리스(Tom Morris)는 탁 트인 하늘을 보며 잔디에 누우라고 말한다.

어느 여름 나는 야외로 나가
황금빛을 발하는 밀과
청록빛을 띠는 산사나무 사이에 있는 잔디에 누웠다.
하늘에서는 태양이 이글거렸고,
밀은 다 성장하여 화려한 모습을 보였고,
잔디는 높이 자랐으며,
땅은 나무와 잎사귀에 활력을 불어넣었고,
하늘은 푸르렀다.
활력과 성장, 따뜻함과 빛,
풍성함과 아름다움이 나에게로 찾아왔다.
그것은 섬세한 흥미를 동반한 영혼의 희열이었다.
영혼은 육체와 함께 일어섰다.
나는 그 순간의 충만함에 젖어 모든 정성을 다해 기도하였다.
아무 말도 필요 없었다.
육체적 삶과 정신적 삶의 형용할 수 없는 소망은
내 마음이 상상할 수 있는 것 이상이었다.

– 리처드 제프리(Richard Jeffries)

반추하라,
그리고 다시 통찰하라

'당신에게 어울리는 미래'를 업그레이드 하라. 더 심오하고
더 철저해져라. 그리고 더 넓은 지평, 더 높은 봉우리를 바라보라.

1995년 12월 31일, 나는 10여 명의 수원비전스쿨 학생들과 함께 경기도 안성의 어느 캠프촌을 찾았다. 그리고 밤을 지새우며 삶의 비전에 대해 토론했다. 그러다 생각이 막히면 영하 15도 밑으로 떨어진 겨울밤, 뼛속 깊숙이 파고드는 바람을 무릅쓰고 산골짜기를 배회하며 고민하고, 생각이 정리되면 정리된 생각들, 삶의 여정에 나타날 모습들을 또박또박 글로 써내려갔다. 즉 나를 향해, 세상을 향해 출사표를 던졌던 것이다.

> ### 나의 사명, 나의 비전
>
> 1996년 1월 1일, 경기도 안성에서, 강헌구.
> 나의 사명은 21세기 지구촌을 책임질 사람들에게 필요한 비전과 리더십의 원리를 전파하는 것이다.
> 나는 이 사명을 감당하기 위해 AD 2010년까지 비전과 리더십 분야의 세계적인 베스트셀러를 내놓을 것이며, 그때까지 전 세계에 100개의 비전스쿨을 설립할 것이다.

2004년 연말 나는 3일간 혼자만의 시간을 가졌다. 자기 재조직의 날이다. 그리고 과연 8년 전, 1996년에 내가 던진 출사표가 나에게, 그리고 세상에 어떤 변화를 가져왔는지, 나는 과연 어디쯤 와 있는지를 세밀히 점검했다. 그리고 8년 전의 출사표에 적혀 있던 꿈은 이미 거의 현실이 되었다는 판단에 이르렀다. 그래서 '나의 사명, 나의 비전'을 다시 썼다. 물론 사명에 해당되는 부분은 그대로지만 비전에 해당되는 부분은 대폭 수정했다.

> 나의 사명은 21세기의 지구촌을 책임질 사람들에게 필요한 비전과 리더십의 원리를 전파하는 것이다.
> 나는 이 사명을 감당하기 위해 세계 1,000만 독자로 하여금 '사명선언문'을 작성할 수 있게 섬길 것이다.

무턱대고 달리는 것만큼 어리석은 일은 없다

독일인은 충분히 생각하고 난 뒤에 뛰기 시작하지만, 프랑스인은 일단 뛰고 나서 생각한다는 말이 있다. 그러나 영국인은 뛰면서 생각한다고 한다. 깃발을 나부끼며 벌판을 가로지르고 전속력으로 질주하다 보면, 때로는 왜, 어디로, 가는지에 대한 의식은 엷어지고 무턱대고 앞으로 나아가기에만 급급해지기 쉽다. '어떻게 해서라도'를 연발하며 더 빨리 가려고만 하기 때문에 주변 상황을 살피지 못한다. 시시각각 조금씩 달라지고 있는 자신의 모습은 더더욱 보지 못한다. 현재는 보이지 않고, 오직 미래라는 환상에 빠져 삶을 허공 속에 날려버리게 된다. 이미 달릴 만큼 충분히 다 달렸는데도 아직 멀었다는 착각에 빠진다. 달리기에 중독이 되어 멈추지를 못한다.

환경은 어떻게 변하고 있으며 당신의 내면은 얼마나 성장하고 성숙했으며, 어떻게 달라지고 나아졌는지를 확인하라. 현재 어디까지 와 있으며 어떤 방향으로 얼마나 더 가야 하는지를 재확인하고, 필요하면 '당신에게 어울리는 미래'를 업그레이드 하라. 아직도 가슴이 뛰는지, 내면의 소리에 귀를 기울여라. 더 심오하고 더 철저해져라. 그리고 더 넓은 지평, 더 높은 봉우리를 바라보라.

흔들고 추슬러 다시 묶어라

우리는 매일 전혀 달라진 질서 속에 존재한다. 달라진 질서 속에선 당신에게 어울리는 미래 또한 달라져야 하고 그것을 향해 질주하는 방법도 업그레이드 되어야 한다.

  당신이 정말로 갈 수 있는 모든 곳에 다 가고, 만날 수 있는 모든 사람을 다 만나고 그들과 사귀고 그들에게서 배운다면 세상은 당신에게 온갖 종류의 피드백을 줄 것이다. 이것은 질주를 시작하던 초기 준비단계에서는 쉽게 얻을 수 없는 정보다. 그 피드백으로 당신이 초기에 세웠던 전략을 살찌워라. 전에는 보지 못했던 새로운 세부사항들을 면밀히 검토하고, 필요하면 방향도 조금, 또는 크게 바꾸어라. 속도를 조절하는 것도 좋은 방법이다.

  반추되지 않는 인생은 살 가치도 없고, 수정되지 않는 계획은 나쁜 계획이다. 무계획보다는 모자라는 계획이 낫다. 그러나 모자라는 계획이 무계획보다 정말로 나은 것이 되기 위해선 실행의 과정에서 당초의 계획을 수정하고, 다듬고, 더욱 온전하게 만들어갈 수 있어야만 한다.

역주, 완주, 그리고 아름답게

영국인 여행자 한 사람과 남태평양 원주민 한 사람이 함께 탐험여행을 떠났다. 어느 날, 해변을 걸으며 주위를 둘러보던 영국인은 해가 뉘엿뉘엿 저무는 풍경을 바라보다가 자신도 모르게 벌어진 입을 다물 수가 없었다. 광활한 백사장과 야자나무, 쪽빛 바다, 그리고 그 모든 것을 불그스름하게 물들이는 석양빛이 절묘한 조화를 이루었기 때문이다. 아름다운 풍광에 대해 온갖 찬사를 늘어놓던 영국인은, 원주민에게 달리기 시합을 하자고 제의했다.

  "자, 여기서부터 저쪽에 있는 야자나무까지 달리기 시합을 하는 거야. 단 시합은 2주일 후에 하는 게 좋겠군. 그동안 각자 나름의 방법으로 연습을 하면 되겠지."

2주일 후, 약속된 시합 날이 되었다. 영국인 여행자와 원주민이 출발선에 섰다. 출발신호가 울리자마자, 영국인이 앞으로 튀어나갔다. '원주민은 나보다 훨씬 젊고 날쌔니까, 나는 젖 먹던 힘까지 다해야 이길 수 있을 거야!'라그 생각한 영국인은 몸을 한껏 앞으로 내밀면서 온 힘을 다해 달리고 또 달렸다. 얼굴은 잔뜩 일그러졌고 근육엔 쥐가 나는 듯했다. 그래도 그는 이를 악물고 백사장을 달려 결승선에 먼저 들어왔다. 그는 거친 숨을 몰아쉬며 바닥에 철퍼덕 주저앉았다.

'원주민은 어디쯤 오고 있을까?' 하며 뒤를 돌아본 영국인의 얼굴에 득의만만한 미소가 흘렀다. 원주민은 이제 겨우 중간지점을 통과하고 있었던 것이다. 마치 파도에 둥둥 떠내려가는 것 같기도 하고 사뿐사뿐 춤을 추는 것도 같은, 그러나 크고 여유 있는 보폭으로, 얼굴 가득히 웃음을 머금은 채 달려오고 있었다. 이윽고 원주민도 결승선을 통과했다. 그는 영국인을 보자 껑충껑충 뛰면서 "내가 이겼다! 너가 이겼어!" 하고 환호성을 질렀다.

영국인은 어처구니가 없다는 표정으로 원주민을 바라보았다.
"내가 훨씬 빨리 달려왔는데, 무슨 소리야?"
그러나 원주민이 말했다.

"뭐가 잘못되었습니까? 당신이 이기다니요? 천만에요, 내가 이겼습니다. 내가 당신보다 훨씬 더 아름답게 달렸잖아요."

과연 누가 이긴 걸까? 무작정 먼저 도착하면 되는 건가? 아니면 자연의 일부분이 되어 하늘과 바다의 춤사위에 무언가 하나를 보태며 아름답게 달리는 것이 더 중요한가? '결승선을 먼저 통과한다.'는 기준은 고작 게임의 한 가지 측면에 불과하다. 원주민에게는 '아름다움'이 바로 게임의 본질이었다.

비전을 향한 우리의 질주도 마찬가지다. 고통으로 일그러진 얼굴로 달리지는 마라. 달리고 나서 철퍼덕 주저앉을 지경으로 스피드에만 연연하지도 마라. 빠르게 달리되 아름답게 달려라.

출사표에 적은 꿈을 현실로 만들었을 때 허탈해지지 않고 내적 충만감으로 행복해지려면 달리긴 달리되, 혹시 사회적 성공을 내면적 성숙보다 우위에 두고 있지 않은지 짚어보라. 부, 명성, 인기, 지위, 권력을 누리는 것은 축복이다. 주어지면 누려라. 하지만 그런 것들을 목적으로 삼지는 말아라.

오직 순수하게 사랑, 베풂, 섬김, 돌봄, 나섬, 용기, 개척, 나눔 등에 집중한 것뿐인데 부, 명성, 인기, 지위, 권력 등이 어느새 손에 들어와 있는 것을 보게 되는 것, 그것이 아름답게 달리는 것이다. 진정한 행복이다. 감리교 창시자 존 웨슬리(John Wesley)는 "벌 수 있는 모든 것을 벌어라, 절약할 수 있는 모든 것을 절약하라, 그래서 모을 수 있는 모든 것을 모아라, 그리고 줄 수 있는 모든 것을 주어라."라고 말했다.

생각창고의 재고조사를 실시하라

현재의 선택이 더 많은 부를 위한 것인가, 아니면 더 적극적인 섬김을 위한 것인가? 지금 당신의 머릿속엔 더 근사한 지위에 대한 갈망이 들어 있는가, 아니면 더 많은 사람들을 위한 나눔이 더 중요한가? 최선을 다하는 데 초점이 모아지고 있는가, 아니면 더 큰 명성을 얻는 데 집중하는가? 지금 당신이 밟고 있는 가속페달은 더 빨리 가기 위함인가, 아니면 더 아름답게 가기 위함인가?

　당신의 뇌 안으로 들어가서 그곳에 있는 생각창고의 재고조사를 실시하라. 그리고 반추하라. 들판을 가로지르고 산을 넘고 축제를 벌이는 그 모든 프로그램들이 과연 더 섬기고, 더 돌보고, 더 베풀고, 더 사랑하려는 순수한 동기에서 비롯되고 있는가? 물론 처음엔 그랬다. 아름다웠다. 그러나 과연 지금도 그러한가? 변질되진 않았는가? 지금 당신이 시도하고 있는 저 과감한 번지점프는 사람들에게 진정한 유익, 진정한 삶의 질 향상을 선물하기 위함인가, 아니면 당신의 이름 석 자를 더 높이기 위함인가?

현재라는 마법의 돌을 놓치지 마라

어느 가난한 청년이 저잣거리에서 '마법의 돌'에 대한 이야기를 들었다. '마법의 돌'은 구리나 철 같은 금속을 순수한 황금으로 변화시킬 수 있는 조그마한 수정인데, 흑해의 해변에 있다고 사람들은 말했다. 그런데 그것은 똑같이 생긴 수많은 자갈들 속에 섞여 있어서 쉽게 찾을 수가 없다는 것이다. 다만 다른 돌과 구별하는 유일한 방법은 온도인데, 이 돌은 다른 자갈보다 따스하게 느껴진다고 했다.

청년은 가진 것을 모두 팔아 간단히 먹을 수 있는 음식과 몇 가지 짐을 꾸려 무작정 흑해로 떠났다. 흑해의 바닷가에 이르러 텐트를 치고 자갈들을 하나하나 만져보며 마법의 돌을 찾아나가기 시작했다. 그는 자갈을 집어들고 그것이 차가우면 던져버리기로 하고, 차례차례 집어서 바다에 던지기 시작했다. 온종일 수많은 자갈을 집어던지는 데 시간을 보냈지만 그가 집은 자갈 중에는 마법의 돌이 없었다.

그렇게 일주일이 가고, 한 달이 가고, 1년이 가고, 3년이 흘렀다. 피부는 검게 그을렸고 행색은 남루해졌지만, 여전히 그는 마법의 돌을 찾지 못했다. 그는 포기할 수가 없었다. 그러던 어느 날 아침, 마침내 그는 따뜻한 온기가 느껴지는 돌을 하나 집어들었다. 그런데 아뿔싸, 그 돌을 집어들자마자 그만 습관적으로 바닷물에 던져버리고 말았다. 돌을 바다에 던지는 '습관'이 그의 몸에 배어버린 탓이었다. 그토록 원했던 것이 손에 들어왔음에도 불구하고, 그는 그저 집어던지는 일에만 몰두한 나머지 그 소중한 목적인, 마법의 돌을 자기 것으로 만들지 못했던 것이다.

꿈을 이루기 위해선 목표지점을 향해 미친 듯, 전속력으로 질주해야 한다. 그러나 현재의 위치와 방향감각을 놓쳐서는 결코 목적을 이룰 수 없다. 마법의 돌을 찾아 나섰던 청년은 온통 마법의 돌을 찾은 다음에 맛보게 될 행복에 대한 생각, 미래에 대해서만 모든 관심을 쏟았다. 현재라는 시간을 거의 생각하지 않고 있었다. 다만, 그가 현재에 머무는 유일한 시간은 돌을 집어던지고 있는 현재의 행동이 미래의 삶에 어떤 변화를 가져다줄지를 생각할 때뿐이었다. 그 결과로 마법의 돌이 손안에 들어와 있는 그 결정적인 시간을, 현재를 놓쳤다. 그래서 인생을 놓쳤다.

과거와 현재는 수단일 뿐이고, 미래만이 당신의 목적이라면 당신은 실제로 살고 있는 것이 아니고 살기를 희망하고 있는 것이다. 현재를 놓치면 성공을 추구하기만 하고 성공을 거두거나 누리지는 못한다. 현재 없는 미래만 바라며 살면, 이탈리아 화가 티슈바인의 그림에 등장하는 당나귀처럼 될 위험이 있다. 그 당나귀 앞에는 밧줄로 매단 건초묶음이 드리워져 있어서 당나귀의 걸음을 재촉한다. 하지만 아무리 걸어도 당나귀는 건초에 닿을 수 없다. 결국 당나귀는 단 한 움큼의 건초도 입에 넣어보지 못한 채 일생을 마친다.

이렇듯 현재를 놓치면 행복이라는 건 언제까지나 잠정적인 가능성의 상태로만 남아 있게 된다. 그림 속의 떡에 현혹되어 굶주리면서도 허기를 느끼지 못하다 결국에는 굶어죽는 꼴이 된다는 것이다.

톨스토이의 우화《인간은 얼마나 많은 땅을 필요로 하는가?》에 파콤이라는 농부가 등장한다. 그는 귀족들처럼 많은 땅을 가지게 되면 성공한 자일 것이라고 확신하고 있었다. 그러던 어느 날 해가 뜨는 순간부터 지는 순간까지 힘을 다해 그 자신이 그을 수 있는 선을 그으면 그 땅을 전부 자기의 소유로 만들 수 있는 기회가 왔다. 그는 자신에게 주어진 절호의 기회를 최대한 활용하리라 결심했다.

이윽고 출발지점이 정해졌고, 그는 해가 뜨자마자 쏜살같이 금을 그으며 달리기 시작했다. 달리는 동안 그는 흥분하여 좌우를 보지 않았으며 뜨거운 볕과 무더위를 가다하지 않고 오직 달리기만 했다. 먹거나 쉬지도 않고 기진맥진해지도록 계속 달렸다.

해질 무렵 그는 비틀거리면서 제자리로 돌아왔다. 승리와 성공이 함께 주어진 것이다. 인생의 꿈이 실현되는 순간이었다. 그러나 그는 마지막 한 발자국을 내디디면서 숨을 거두었다. 결국 그에게 돌아간 땅은 그의 시체가 누울 만큼의 자리뿐이었다.

끝까지 가야 한다거나 끝내야만 한다는 강박관념에 사로잡히지 마라. 당신이 시작한 일이니 당신이 끝낸다는 아집에도 사로잡히지 마라. 벌판은 너무 넓고 험산은 너무 켜켜이 늘어서 있다. 갈 수 있는 만큼만 가라. 할 수 있는 내에서 최대한을 하라. 그것으로 충분하다.

어떻게 하면 더 빨리 더 멀리 갈 수 있는지, 오직 그 한 가지만을 고민한다면 결코 행복해질 수 없다. 진정 행복해지기 원한다면 현재에 지나가고 있는 모든 것들을 곱씹어 보는 습관을 길러야 한다.

바보스럽게 아직 손아귀에 잡히지 않은 시간들 속에서만 방황하지 마라. 이미 손안에 들어온 시간, 당신에게 실제 허용된 유일한 시간은 현재뿐이다. 내일이 다가오기를 초조하게 기다리지 마라. 자칫 일생 동안 환영만을 좇는 바보가 될지도 모른다. 미래가 너무 늦게 다가온다고 한탄할 필요도 없고 노심초사할 필요도 없다. 이미 당신의 손안에는 마법의 돌이 쥐어져 있으니까 말이다.

모든 시작(과 창조)의 실행에 있어
한 가지 기본적인 진리가 있는데,
그것을 모르면
수많은 아이디어와 빛나는 계획이 죽어버린다.
그 순간에 자신을 완전히 바치고 몰입하면,
그 후에 신의 섭리가 움직인다는 사실!
그리 하지 않았다면 절대로 일어날 법하지 않을
일들이 정말로 눈앞에 펼쳐진다.
그 결심으로부터 흘러나온 모든 사건들은
강물이 되어 흐르고,
우연한 사건, 우연한 만남, 우연한 도움들이
모두 우리에게 유리하게 돌아간다.
그 누구도 자기에게 오리라고
꿈도 꾸지 못했던 것들도 다 내 편이 된다.

- 괴테

지은이 | 강헌구

"꿈을 현실로 만드는 위대한 비전의 힘!"

대한민국 최고의 비전 멘토.
이미 150만 부 이상 팔려나가며 대한민국 청소년들의 삶의 코드를 바꾸어놓은 역작《아들아, 머뭇거리기에는 인생이 너무 짧다》를 비롯하여 대한민국 엄마들의 새로운 교과서가 된《Mom CEO》등 숱한 저서와 역서들이 그의 왕성한 활동을 대변해준다. 1995년 수원비전스쿨을 시작으로 현재 서울을 비롯한 세계 각국에 비전스쿨을 세우는 한편, 강의와 책을 통해 각계각층의 사람들에게 '매일매일 목표와 꿈으로 가슴 뛰는 인생을 살아가는 법'을 전파하고 있다.
숨 쉬는 모든 이들을 위한 비전 바이블《가슴 뛰는 삶》은 이미 많은 기업과 대학, 종교계 등에서 강의를 통해 열광적인 반응을 이끌어낸 컨텐츠로, 십수 년간 그가 설파해온 비전 이야기의 결정판이라 해도 과언이 아니다. 전 세계 40여 개 도시로 퍼져 나간 비전스쿨을 통해 많은 사람들의 인생을 바꾸어놓은 그는, 수많은 독자들과 청중들의 그 가슴 뛰는 승리의 경험이 자신에게도 더 큰 에너지가 되어 돌아왔다고 말한다. 그러한 '가슴 뛰는' 두근거림과 응축된 에너지를 모아 이 책을 집필했다.
현재 장안대학 경영학과 교수로 재직중이며, '강교수비전스쿨'의 대표이다. 경기방송과 대전극동방송 라디오에서 '21세기 꿈터', '생방송 시사 21' 등을 진행했으며, 왕성한 강연과 집필 활동으로 비전의 힘과 역동성, 형성원리, 그리고 현실의 삶 속에서 비전을 실현하는 리더십원리를 전파하고 있다.

Check in Your Dream, Change Your Destiny!

'가슴 뛰는 삶'을 살기로 결심한 당신을 위한 실천 프로그램

아침마다 가슴이 두근거려서 도저히 식사를 할 수 없을 정도로 흥분되는 삶을 살기로 했습니까? 하기 좋고 즐거운, 그래서 자꾸만 더 하고 싶은, 그런 일만 해도 원하는 모든 것을 손에 넣을 수 있는, 그런 삶을 살기로 했습니까? 한 분야의 달인, 1인자라는 말을 듣고 싶습니까? 비전 멘토 강헌구 교수와 함께 하는 24시간의 비전여행. 행복한 워크숍에 참여해 보십시오.

팀/조직 빌더 비전스쿨_ 개인의 비전과 조직의 사명을 조화시켜 비전 공동체를 만들고자 하는 일반 기업 및 공직자를 위한 프로그램

셀프리더 비전스쿨_ 탁월한 업적, 가슴 뛰는 삶을 추구하는 아주 특별한 사람들(성인)을 위한 '나'프로젝트

Mom CEO 비전스쿨_ 가정의 성공과 행복을 위해 꿈을 잉태하고 가꾸는 모든 어머니, Mom CEO를 위한 패밀리 비전-리더십 프로젝트

청소년 비전스쿨_ 21세기 지구촌의 책임자들, 세상의 중심에 서서 모두와 더불어 꿈을 현실로 만들어 가는 차세대 리더들을 위한 드림 크루즈 프로그램

비전코치 아카데미_ 비전에 관한 지식과 교육 방법을 익혀 비전코치로서 활동하거나 기존의 교육 과정에 적용하고자 하는 분들을 위한 프로그램

- 강교수비전스쿨 / 한국비전교육원 www.visionschool.or.kr
  문의전화 02-586-3179

가슴 뛰는 삶

2008년 9월 10일 초판 1쇄 | 2025년 1월 15일 2판 54쇄 발행

지은이 강헌구
펴낸이 이원주

기획개발실 강소라, 김유경, 강동욱, 박인애, 류지혜, 이채은, 조아라, 최연서, 고정용
마케팅실 양근모, 권금숙, 양봉호, 이도경 **온라인홍보팀** 신하은, 현나래, 최혜빈
디자인실 진미나, 윤민지, 정은예 **디지털콘텐츠팀** 최은정 **해외기획팀** 우정민, 배혜림, 정혜인
경영지원실 강신우, 김현우, 이윤재 **제작팀** 이진영
펴낸곳 쌤앤파커스 **출판신고** 2006년 9월 25일 제406-2006-000210호
주소 서울시 마포구 월드컵북로 396 누리꿈스퀘어 비즈니스타워 18층
전화 02-6712-9800 **팩스** 02-6712-9810 **이메일** info@smpk.kr

ⓒ 강헌구 (저작권자와 맺은 특약에 따라 검인을 생략합니다)
ISBN 978-89-92647-33-5 (03320)

- 이 책은 저작권법에 따라 보호받는 저작물이므로 무단전재와 무단복제를 금지하며, 이 책 내용의 전부 또는 일부를 이용하려면 반드시 저작권자와 (주)쌤앤파커스의 서면동의를 받아야 합니다.
- 잘못된 책은 구입하신 서점에서 바꿔드립니다.
- 책값은 뒤표지에 있습니다.

쌤앤파커스(Sam&Parkers)는 독자 여러분의 책에 관한 아이디어와 원고 투고를 설레는 마음으로 기다리고 있습니다. 책으로 엮기를 원하는 아이디어가 있으신 분은 이메일 book@smpk.kr로 간단한 개요와 취지, 연락처 등을 보내주세요. 머뭇거리지 말고 문을 두드리세요. 길이 열립니다.